왜 영상 크리에이터들을 대부분 '유튜버'라고 부를까? 유튜브 말고 다른 영상 플랫폼은 잘 모르기 때문이다. 그런데 저자인 안준한 대표는 남들이 가보지 않은 새로운 길을 뚫었다.

15억 인구가 시청하는 중국의 10대 영상 플랫폼에 한국의 크리에이터들이 콘텐츠를 올릴 수 있고 새로운 방식으로 돈을 벌 수 있게 한 것이다. 남들이 가보지 않은 새로운 길을 가야 성공한다.

영상 크리에이터를 꿈꾸면서 새로운 길을 걸어보고 싶다면 이 책을 강력 추천한다!

— **장동선**, 뇌과학자 유튜버

해외 영상 크리에이터가 중국에 진출해 성장하기 위해 필요한 지식과 노하우에 있어서 안준한 대표 이상의 멘토는 없다.

2018년부터 내가 몸담았던 바이두를 포함한 다수의 중국 영상 콘텐츠 플랫폼은 전 세계 주요 MCN과 함께 해외 유명 크리에이터의 중국 진출을 추진했으나, 다양한 어려움으로 인해 실제 진행에는 한계가 있었다. 안준한 대표는 그 한계를 극복하고 지금까지 가장 많은 수의 해외 크리에이터를 중국에 성공적으로 진출시켰다.

이 책은 안준한 대표의 값진 노하우와 경험이 담긴, 중국 진출을 생각하는 유튜버를 위한 필독서다.

— **안승해**, 바이두 하오칸비디오 前 부총경리

글로벌 시장에서 우리나라가 가진 대체 불가능한 경쟁력 중 하나가 콘텐츠 분야다. 〈사랑이 뭐길래〉, 〈대장금〉, 〈별에서 온 그대〉까지, '한쥐韓劇(한국 드라마)'는 중국에서 30년이 넘는 시간 동안 세대를 아우르는 대명사가 되었고, 게임, K 팝, 영화, 예능까지 한국 콘텐츠의 힘은 지금까지도 계속되고 있다. 다만 불법 콘텐츠의 유통, 정치 외교적 갈등, 중국 문화 산업의 성장 등으로 인해 과거와 같은 포맷의 콘텐츠나 기존의 유통 채널들이 가져다주는 기회는 갈수록 줄어들고 있다.

한국 콘텐츠에 대한 중국인의 갈증은 지속되고 있고, 영화관과 TV 스크린이 채우지 못하는 수요는 모바일 화면이 그 자리를 대신해 채워줄 것이다. 유튜브의 자리를 위협하는 틱톡은 중국에서 시작되었고, 중국 어린이들이 선호하는 직업에도 '왕훙网红(인플루언서)'이 상위권에 자리하고 있다. 이 책에는 중국 크리에이터 생태계, 영상 플랫폼에 대한 상세한 정보 및 수익화 전략뿐만 아니라 한국에는 잘 알려지지 않은 최신 트렌드까지, 그간 접하기 힘들었던 새로운 기회에 대한 알토란 같은 정보들이 빼곡히 담겨 있다. 경쟁력 있는 콘텐츠를 가지고 있지만 중국이라는 시장이 멀게만 느껴졌다면, 이 책이 중국 진출의 등대와 같은 역할을 해줄 것이다.

— **최시훈**, 더핑크퐁컴퍼니 중국법인장

에베레스트산을 처음 정복한 에드먼드 힐러리 경은 알아도, 무거운 짐을 운반하며 인고의 탐험 길을 안내해 준데다 등정의 순간을 사진으로까지 남겨준 세르파 텐징 노르게이를 기억하는 이는 매우 드물다.

무한한 가능성의 영역이지만 아직은 낯선 중국 영상 콘텐츠 산업에 젊은 크리에이터들의 도전을 묵묵히 뒤에서 도와온 세르파, 아도바의 안준한 대표가 펴낸 『유튜브를 넘어서』는 그가 밟아온 이력과 같이 플랫폼 산업을 이해하고 공략할 수 있는 나침반과 같은 귀중한 자료로 자리매김할 것이다.

『유튜브를 넘어서』를 통해 젊은 크리에이터들은 통제와 언어의 장벽 뒤에 있지만 놓치기에는 너무나 매력적인 중국 시장의 진출 가능성을 조심스럽게 타진해 볼 수 있으며, 일반 경영자들도 새롭게 부상하는 영상 콘텐츠 산업에서 다양한 플랫폼들의 차별화된 비즈니스 모델을 이해함으로써 시장 진출 전략 수립이나 국내 사업 벤치마킹 자료로 유용하게 사용할 수 있을 것이다.

아울러 온라인 커머스에서 라이브커머스로 빠른 속도로 변화하는 중국의 유통시장을 공략하는 데도 『유튜브를 넘어서』가 유용하게 활용되기를 기대해 본다.

— **황재원**, KOTRA 前 광저우·홍콩무역관장

패러다임이 전환되면, 그에 상응하는 네이티브 세대가 탄생한다. 현시점에서는 플랫폼을 기반으로 영상 콘텐츠를 제작하는 크리에이터, 즉 인플루언서가 그런 세대일 것이다. 하지만 국내에서는 특정 플랫폼에 천착하는 경향이 있다. 그래서 우리는 크리에이터를 '유튜버'로 치환해 부르기도 한다. 하지만 유튜브만으로는 전 세계적으로 뻗어나가기는 어렵다. 저자는 '유튜브 너머Beyond YouTube'를 이야기한다. 그러기 위해서는 중국이라는 시장을 무시해서는 안 된다는 것이다. 양자택일이 아니라 확장의 개념이다.

어떤 산업에서도 시장 규모 면에서 중국을 무시하기 어렵다. 온라인 영상 시장도 마찬가지다. 유튜브는 여전히 성장세이지만, 중국에서 소비되는 유튜브 영상의 비율은 1퍼센트에 불과하다는 것을 감안해 보라. 유튜브만을 고집할 것이 아니라 다양한 플랫폼을 통해 확장하는 것이 현명한 전략이다. '전 세계로 진출하기'를 꿈꾸는 이라면 저자의 말에 귀기울여 보자.

— **조상래**, 중국 전문 미디어 플래텀 대표

일러두기

- 외래어표기법은 최대한 원칙에 따랐으나 고유명사의 경우 더 자주 사용되는 발음으로 표기했습니다.
- 중국어 음독을 기준으로 한자어를 병기했으나, 중국과 한국에서 사용되는 고유명사의 표기가 달라 예외를 두기도 했습니다. (예: 망고TV芒果TV, 하오칸비디오好看视频)

Beyond YouTube

안준한 지음

유튜브를 넘어서

들어가는 글

대한민국은 코로나 이전부터 초등학생의 장래희망 1등이 유튜버인 나라였다. 2021년 1월 기준으로 전 세계에서 인구 대비 가장 많은 유튜버가 있는 나라이기도 하다. 이렇게 유튜브는 크리에이터를 전문 직업화할 정도로 강력한 영향력을 갖고 있다. 하지만 유튜브 플랫폼은 언어와 문화의 틀 안에서 보면 로컬 플랫폼과 다름없다. 한국인이 만든 콘텐츠는 주로 한국인이 소비하기 때문이다. 그런 의미에서 한국의 유튜브는 5,000만이라는 작은 시장 규모의 한계를 가진다. 늘어나는 유튜버들로 인해 유튜브는 과포화 상태에 가깝고, 연예인에 비해 상대적으로 인지도가 낮은 크리에이터들은 콘텐츠의 광고 수익성이 점차 악화되고 있다. 또한 독점적 지위를 가진 플랫폼으로서의 유튜브는 유튜버의 콘텐츠마저 규제하고 있다. 이제 유튜브가 탄생시켰지만 유튜브에 갇힌 크리에이터들에게 출구 전략이 필요하다. 그러나 국내에 다른 대안이 없기에 해외로 눈을 돌릴 수밖에 없다. (1장)

2002년 처음 중국을 방문한 이래로 그동안 학생, 주재원, 중국 회사 임원 등 다양한 경험을 하며 한국과 중국에서 생활과 사업을 영위해 오고 있다. 베이징, 상하이, 시안에서 주로 거주했고, 출장을 가거나 여행 다닌 중국의 도시는 수십 곳에 이른다. 나에게 중국에서의 생활은 한국만큼 편할 뿐만 아니라 중국어로 소통하는 데도 그다지 어려움이 없다. 이러한 경험을 바탕으로 한국과 중국 사이에서 기회를 찾고 그 기회를 자기 것으로 만들어 가는 이들에게, 조금이나마 도움이 되었으면 하는 마음으로 함께 문제를 해결하는 일에 많은 시간과 노력을 쏟고 있다.

이런 나에게 중국과 한국의 온라인 영상 콘텐츠 소비 양상과 추이가 무척 큰 차이를 보인다는 점은 꽤나 흥미로웠다. 그리고 이 차이를 비교하다 보니 한국 시장의 한계도 발견하게 되었다. 양국의 상황을 간단히 비교하자면, 한국의 미디어 시장은 전 세계 시장 중에서도 작은 편이 아니지만 인구수의 한계를 가지고 있으며, 대부분의 국가처럼 글로벌 플랫폼인 유튜브가 독점하는 시장이다. 이와 다르게 전 세계에서 유일하게 유튜브가 공식적으로 진출할 수 없는 중국에는, 수억 명의 사용자를 가진 수십 개의 온라인 콘텐츠 플랫폼이 서로 경쟁하며 콘텐츠를 유통하는 시장 구조가 형성되어 있다. 한국 사람들은 90퍼센트 이상이 유튜브로 영상 콘텐츠를 소비하고 있지만, 중국에서는 1퍼센트도 안 되는 사람들만이 유튜브를 이용하고 있으며 대부분은 유튜브의 존재를 알지도 못한다. 그렇다면 유튜브가 없는데도 전 세계에서 가장 큰 규모로 성장한 중국의 미디어 시장의 동력은 어디에 있을까? 독점 시장이 아닌 경쟁 시장이 가진 장점이 그 역할을 한 것 아닐까?

사실 처음부터 비즈니스를 생각하며 중국의 온라인 콘텐츠 플랫폼 시장을 바라본 것은 아니다. 그보다 한국 크리에이터들과 콘텐츠의 권리를 되찾아 주고 싶었다. 중국 온라인 콘텐츠 플랫폼에서 불법적으로 업로드된 한국 콘텐츠를 수시로 만날 수 있었기 때문이다. 심지어 중국 콘텐츠보다 내용과 퀄리티 면에서 우위에 있는 것들이 많아 인기도 좋았다. 하지만 정식으로 진출하지 못했다는 이유로 자기 것이라는 주장도 못 하고 그 권리를 빼앗기고만 있는 상황이 너무 안타까웠다. 중국 시장에 들어가려면 여러 장벽을 넘어야 하는데, 그게 쉽지 않으니까 한국의 대형 MCN(다중 채널 네트워크)들조차도 이 문제를 풀지 못하고 있었다. 나는 20년간 중국과 관련된 다양한 문제를 풀어왔던 경험치를 바탕으로, 조금은 어렵더라도 반드시 그 해법을 찾을 수 있다고 믿었다. '관시'와 편법에 기대는 것이 아니라 플랫폼을 향한 정면 돌파가, 느리더라도 가장 안전한 방법이라는 것도 알고 있었다.

많은 사람들이 '중국' 이라는 키워드에서 '어려움'만 찾아내는 것 같다. 하지만 다른 어떤 나라, 아니 한국만 놓고 봐도 과연 아무런 어려움이 없고 위험이 없을까? 오히려 작은 시장이라 제대로 된 기회의 가짓수가 더 적지 않을까? 나는 중국이라는 키워드가 가지는 수많은 어려움의 이면에는 상대적으로 더 많고 다양한 '기회'가 존재한다는 이야기를 하고 싶었다. 중국 시장의 기회에 대한 올바른 이해를 돕고 중국 시장 진출의 방법론을 제시해, 크리에이터들이 중국 시장 진출을 통해 더 많은 기회를 얻기를 희망하며 이 책을 쓰기로 마음을 먹었다. 궁극적으로 이 책은 전 세계가 플랫폼 중심에서 크리에이터/콘텐츠 중심으로 전환하고 있는 흐름에 맞춰, 국내 시장의 한계를 극복할 수 있는 대안으로 크리에이터들에게 새롭고 다양한 기회가 있고 다중 플랫폼 운영 전략을 펼칠 수 있는 중국 시장을 제안하기 위함이 목적이다.

그렇다고 중국 시장에서의 '성공'을 보장하는 이야기는 아니다. '기회'에 대한 이야기와 그 '기회'를 붙잡는 방법이 분명 있다는 이야기를 하려는 것이다. 비단 크리에이터들뿐만 아니라 중국 시장을 바라보는 국내 대다수 기업들도 이 책을 통해 중국 온라인 콘텐츠 플랫폼에 대한 이해를 높이고 더욱 세밀한 시장 진출 전략을 짤 수도 있을 것이다. 나아가 중국에 진출한 국내 크리에이터들과 함께 중국 시장을 공략한다면 그 효율과 효과는 배가될 수 있다.

전 세계에서 미디어 이용 시간이 가장 길고 가장 큰 규모의 모바일커머스 시장인 중국은 유튜브 대신 플랫폼 수십 개가 경쟁 체제를 형성하며 친크리에이터 정책을 펼치고 있어, 크리에이터들에게 기회의 땅이 되기엔 충분하다. 한국을 비롯한 글로벌 크리에이터/콘텐츠 시장이 주목하고 있는 가상인간, 메타버스, NFT 산업은 막대한 규모의 중국 내수 시장을 앞세워 공격적으로 성장하고 있고, 이 성장의 중심에는 중국 고유의 특성을 가진 Z세대들이 있다. (2장)

영상 콘텐츠의 길이에 따라 장편, 중편, 단편 영상으로 구분되는 중국 온라인 콘텐츠 플랫폼 시장의 구조는 점점 더 그 경계가 허물어지고, 이로 인한 플랫폼 간 경쟁 구조는 더욱 고조되고 있다. 또한 온라인 콘텐츠 플랫폼과 커머스 플랫폼의 격돌은 브랜드 마케팅 시장의 판을 완전히 재편하고 있는 상황이다. 대변화의 시대에 맨몸으로 이리저리 휩쓸리지 않으려면, 각 플랫폼을 기본부터 뜯어보며 이해도를 높이는 준비가 필요하다. (3장) 그런 다음에야 카테고리별로 주요 플레이어들 간 경쟁, 공존, 차별화의 다양한 모습과 사례 들을 교훈 삼아 중국 시장 진출의 보다 구체적인 전략을 짤 수 있게 될 것

이다. (4장)

　규모와 환경이 충분히 매력적인 중국 시장의 기회가 외국인에게 제한적인 것은 사실이다. 외국인 신분으로는 플랫폼 내 계정 개설과 각종 인증뿐만 아니라, 운영 방식과 규제도 플랫폼별로 서로 다른 탓에 발생한 수익을 정산하는 일도 거의 불가능에 가깝다. 아도바adoba는 풍부한 네트워크와 축적된 노하우로 채널 개설·인증·수익화 등과 관련된 장벽을 제거하고 국내외 크리에이터들이 중국에서 활동할 수 있는 판로를 개척했다. 콘텐츠 산업에서 하나의 콘텐츠를 다양한 플랫폼에 유통하는 원 소스 멀티유스 방식은 해당 콘텐츠를 선호하는 트래픽을 확보할 확률이 높아져 콘텐츠당 기대수익을 극대화할 수 있는데, 전 세계에서 이러한 다중 플랫폼 전략을 자유롭게 구사할 수 있는 유일무이한 나라가 바로 중국이다. (5장) 중국 플랫폼에서 크리에이터 활동을 하기 위해 필요한 '꿀팁들'까지 장착하고 나면 중국 시장 정복은 더 이상 막연한 꿈이 아니다. (6장)

　한국 크리에이터들의 콘텐츠는 분명 중국 시장에서도 통한다. '어려움'만 보고 도전하지 않으면 '기회'를 만날 수 없다. 중국 시장에 도전하는 '누구에게나' 이 책이 그 해답이 되고,

전 세계에서 중국으로 가는 길이 더욱 넓어지길 희망한다. 머지않은 미래에 중국 온라인 콘텐츠 플랫폼에 한국의 콘텐츠가 범람하는 날을 기대하며, 부족한 필력에도 불구하고 단 한 명의 독자에게라도 꼭 필요한 이야기가 되기를 간절히 소망하는 마음을 담아 책을 마무리한다.

크리에이터들의 용감한 도전을 응원한다.

아도바 대표이사 안준한

CONTENTS

3장. 중국에는 도대체
얼마나 많은 플랫폼이 있는 거야?

4장. 이 구역에서는
내가 제일 잘나가

5장. 만리장성을 넘어
실크로드를 열다

6장. 중국 플랫폼 진출 꿀팁:
쉿! 너만 알아둬

★

1장

유튜브에 갇힌
크리에이터

무한한 가능성이 열려 있는 새로운 시기의
서막이 빛나고 있다.

—라이너 마리아 릴케

1927년 미국의 필로 판즈워스^{Philo Farnsworth}가 세계 최초로 완전한 전자식 브라운관 텔레비전을 발명하면서 우리가 잘 아는, 화면이 볼록한 TV가 등장했다. 이후 TV는 흑백에서 컬러로, 아날로그방식에서 디지털방식으로 끊임없이 진화했고, 지상파의 영역에서 위성방송, 케이블방송, 인터넷방송으로 영역을 확대해 갔다. 인류 역사에 있어 TV가 일상생활에 미치는 영향력은 실로 위대했다. '안방극장'이라는 별명과 함께 가족의 시선을 사로잡고, 아빠의 귀가 시간과 엄마의 여가 시간을 지배하는 막강한 힘을 발휘했다. 요즘처럼 '다시보기' 기능이 없던 당시에 원하는 채널을 보기 위해 리모컨을 차지하려는 신경전은 대부분 가정에서 볼 법한 흔한 저녁 풍경이었다. 주말 동안 방영된 연속극과 개그 프로그램은 월요일 아침 회사와 학교에서 사람들 간 대화의 중심을 차지했고, 프로그램 내용을 알지 못하면 대화에 끼지 못해 요즘 말로 '아웃사이더'가 되기 일쑤였다. 드라마와 예능의 흥행 여부를 결정짓는 것은 TV 시청률이었고, 그리고 그 시청률은 곧 대중성으로 해석됐다. TV 편성표가 신문의 한 면을 당당하게 차지했고, TV 광고는 당대 최고의 스타에게만 허락된 영광처럼 여겨졌다. '텔레비전에 내가 나왔으면 정말 좋겠네, 정말 좋겠네'라는 노래가 아이들 사이에서 유행한 것은 그 시대의 시선이 어디에 머무르고 있었는지 알 수 있는 중요한 키워드가 아닐까 싶다.

TV의 영향력이 여전했던 가운데 우리는 삶의 방식을 180도 바꾸는 변화를 경험했다. 어느 날부터인가 TV에서만 볼 수 있던 방송을 인터넷을 통해 컴퓨터나 스마트폰으로도 볼 수 있게 됐고, 컴퓨터와 스마트폰을 사용하는 시간이 늘어났으며 모니터에 TV 기능이 추가된 제품이 출시됐다. TV는 점차 영향력을 잃어가기 시작했다. 결국 2010년대 후반부터 TV는 컴퓨터의 일종으로 변화하며 새롭게 포지셔닝이 되기 시작했다. 화질이 좋은 TV에 스마트 셋톱박스를 연결한 뒤에 온라인 스트리밍으로 드라마, 영화, 예능 프로그램 등을 보거나 아예 인터넷과 연결된 스마트TV 제품을 구매하는 등 TV

는 더 이상 TV 자체로 소비되는 것이 아니라 보조 전자기기의 위치에 머물게 된 것이다.

이 모든 것을 '인터넷'이라는 물리적 인프라와 '모바일'이라는 하드웨어의 혁신이 만들어 낸 결과로 생각할 수 있다. 하지만 필자는 하드웨어보다는 소프트웨어, 즉 콘텐츠의 변화가 이 결과를 만들어 낸 것이라고 생각한다. TV가 담아내는 콘텐츠가 더 이상 사람들의 시선을 끌지 못하고 있는 것이 아닐까? 이전에 비해 TV프로그램의 시청률이 현저하게 떨어지고 심지어 지상파 프로그램 시청률이 1퍼센트대를 못 넘기는 이 상황이 컴퓨터와 스마트폰의 탄생 때문만은 아니라는 것이다.

최근 초등학생들이 자주 사용하는 은어 '어쩔 티비'의 뜻이, 소위 '꼰대'들을 향해 "어쩌라고, TV나 봐"라는 의미를 담은 말이라는 걸 들었다. 한마디로 'TV 보는 사람=옛날 사람'이라는 구도가 잡혀 있다는 거다. 전 국민이 함께 TV를 즐기던 시대는 저물었다. 바야흐로 유튜브, OTT^over the top*, 소셜미디어 등 여러 채널을 통해 저마다의 취향에 따라 콘텐츠를 소비하는 시대가 도래한 것이다.

팬데믹은 전 세계적으로 '비대면'이라는 특수한 상황을 발생시켰고, 이는 게임 사용과 배달 빈도의 증가뿐 아니라 콘

---

* 　인터넷을 통해 방송 프로그램, 영화, 교육 등 각종 영상 콘텐츠를 제공하는 서비스다.

텐츠 소비량까지 폭발적으로 촉진시켰다. 영상 콘텐츠를 소비하는 데 있어 최근 TV를 대신해 주인공 역할을 하는 건 바로 유튜브다. 난공불락으로 여겨졌던 TV의 독보적인 위상이 몰락한 시점은 유튜브가 본격적으로 등장한 시기와도 맞물려 있다. TV는 드라마와 예능을 접하는 유일한 창구 역할을 유튜브에 빼앗긴 지 오래고, '유튜버'라 불리는 크리에이터들이 만든 오리지널 콘텐츠가 대중에게 회자되면서 문화 현상을 만들어 내거나 스타를 탄생시키고 있다. 유튜브가 주도하는 콘텐츠의 흐름 속에서 콘텐츠를 시청하는 시간과 장소의 개념은 무의미해졌고, 정해진 형식의 틀은 깨졌으며, 소유의 개념은 흐려졌다. 탄생 초기 그저 또 하나의 인터넷 방송국 정도로만 여겨졌던 유튜브는 어떻게 미디어를 접하는 사람들을 바꾼 것일까? 어떻게 유튜브의 콘텐츠에 열광하도록 만들 수 있었을까? 유튜브를 통해 세상과 만나고 있는 이는 누구인가?

누구나 크리에이터가 되는 시대

1세대 크리에이터이자 현재 구독자 160만 명을 보유한 유튜버 대도서관은 "누구나 다 유튜버가 돼야 한다. 안 할 이유가 없다. 유튜브에 맞지 않는 사람은 없다. 유튜브를 퍼스널 브랜딩의 장으로 활용해야 한다"라고 외치며 유튜버 전도사를 자처하고 있다. 현대사회는 촬영과 편집에 대한 조금의 지식과 아이디어만 있다면 누구나 콘텐츠를 제작하고, 또 이를 손쉽게 공유할 수 있는 환경이 충분히 조성돼 있다. 더 이상 방송국과 유명한 프로덕션만이 콘텐츠를 만들 수 있다고 생각하는 사람은 없다. 여섯 살 꼬마도 여든 살 할머니도 원하기만 하면 크리에이터가 되어 자신의 이야기를 콘텐츠로 만들어 사람들에게 쉽게 전달할 수 있다. 크리에이터들이 만드는 콘텐츠는 일상을 가볍게 공유하는 것부터 뷰티, 패션, 음악, 춤, 요리 등 전문 영역으로까지 확대됐고, 최근에는 과학, 의학, 법 등의 전

[그림 1.1] 다양한 연령대와 다양한 분야의 크리에이터. 왼쪽 위부터 시계 방향으로, '박막례 할머니' 채널, '보람튜브' 채널, '가전주부' 채널, '장동선의 궁금한 뇌' 채널.

문 지식도 콘텐츠로 쉽게 접할 수 있다. 사회 전반적으로 연령과 계층에 상관없이 누구나 크리에이터가 되고 있는 것이다.

이야기를 본격적으로 이어나가기 전에 필자는 인플루언서와 크리에이터의 구분과 관계에 대해 짚어보고자 한다. 이는 앞으로 우리가 다룰 크리에이터라는 존재를 좀 더 명확히 이해하는 데 도움이 될 것이다.

인플루언서는 말 그대로 어떤 이유에서든 영향력을 가지고 있는 사람을 지칭한다. 가수, 연기자, 개그맨 같은 연예인도, 나라의 대통령, 장관, 정치인도 과학자, 의사, 요리사 같은 전문가도 누군가에게 영향력을 미친다면 인플루언서라 할 수 있다. 인플루언서는 활동 무대를 온라인과 오프라인으로 특별히 나누지 않고, 특별히 무언가를 하지 않아도 영향력을 미치는 존재가 되어버렸다고 보는 게 적절할 것 같다. 반면에 크리에이터는 무언가를 창조하고 만들어 내는 것에 기원을 두고 있다. 즉, 온오프라인을 통틀어 건축물, 물건, 제품, 혹은 콘텐츠를 창작하는 모든 사람은 크리에이터라고 할 수 있다. 따라서 우리가 주목하는, 영상 콘텐츠를 주로 만드는 사람도 분명 크리에이터다. 이러한 크리에이터가 인플루언서와의 접점을 이루는 것은, 유튜브 같은 온라인 콘텐츠 플랫폼이 탄생하고 성장한 초연결 시대의 흐름과 관련이 있다. 무언가를 창조하고 만들어 내는 사람이 불특정 다수에게 영향력을 미칠 수 있는 상황이 만들어지는 것이다. 인플루언서를 지지하고 따르는 팔로워들이 플랫폼 안에서 구독자가 되어 크리에이터들을 지지하고 따르기 시작한다. 구독자가 늘면 크리에이터가 만든 콘텐츠가 더 주목을 받고 크리에이터가 갖게 되는 영향력이 커지면서 인플루언서가 되는 것이다. 2018년 대학내일 20대연구소가 15~34세 남녀 800여 명을 대상으로 조사한 결과를 살펴보면, 각 분야의 제품을 구입하거나 서비스 이용을 위한 정보를 얻고 싶을 때 연예인(26.6퍼센트)보다 크리에이터(73.4퍼센트)의 조언을 더 신뢰한다고 한다. 팬들의 신뢰는 결국 크리에이터의 영향력으로 직결된다. 크리에이터의 콘텐츠에 대한 신뢰가 쌓일수록, 이 관계는 더욱더 건강한 방향으로 확대, 재생산될 수 있다.

　물론 크리에이터를 모두 인플루언서의 범주에 넣을 수는 없다. 그러나 유튜브 등의 플랫폼을 통해서 자의든 타의든 크리에이터가 인플루언서가 되어가는 건 자연스러운 현상이다. 또 크리에이터 모두가 그 영향력을 수익을 만드는 데 활용하지는 않지만, 요즘 화제인 크리에이터 이코노미creator economy* 개념을 적용하면 그들의 영향력을 수익화하는 방법론은 분명

---

* 　창작자 경제. 크리에이터가 온라인 콘텐츠 플랫폼에서 자신의 콘텐츠를 활용해 수익을 올리는 산업으로 유료 구독서비스, 이용자 맞춤형 콘텐츠 제작 등을 통해 창작자가 직접적인 이익을 창출한다.

존재한다. 이와 관련해서 미국 IT 매체인 와이어드의 수석편집장이자 미래학자인 케빈 켈리^{Kevin Kelly}는 팬 1,000명만 있으면 누구든 성공적인 크리에이터의 삶을 살 수 있다는 '1,000명의 팬 이론'을 제시한 바 있다. 팬의 지지는 곧 영향력의 확대로 해석할 수 있고 이러한 영향력이 곧 안정적인 수익창출과도 연결된다는 이야기다.

여기서 유튜브를 포함한 기존의 플랫폼들이 크리에이터 이코노미 생태계를 조성하고 크리에이터를 집결시키는 데 더욱 힘쓰는 이유를 찾을 수 있다. 플랫폼 입장에서는 크리에이터의 수익창출이 없다면 콘텐츠 수급에 어려움을 겪을 수 있기 때문이다. 물론 크리에이터가 되려는 사람 중에 취미와 관심사를 다른 사람들과 공유하겠다는 생각으로 수익을 목표로 하지 않고 콘텐츠를 만드는 사람들도 분명히 존재한다. 하지만 수익 혹은 상업적인 목적이 없다고 하더라도 크리에이터가 만드는 콘텐츠가 플랫폼을 통해서 팔로워를 만들어 가는 과정에서 영향력이 조금씩 더 커지고 결국 인플루언서가 되는 전개가 일반적인 흐름인 것은 부정할 수 없다.

전 세계적으로 크리에이터 수가 5,000만 명을 넘어섰고, 지난 2021년 최상위 유튜버 10명의 수익 합산이 모두 3억 450만 달러(3,654억 원)에 이른다고 한다. 넷플릭스 드라마 〈오징어 게임〉을 재현한 미국인 유튜버 지미 도널드슨^{Jimmy Donaldson}

의 '미스터비스트MrBeast' 채널은 2021년 한 해 조회 수 100억 회를 넘겨 5,400만 달러(648억 원)를 벌어들이며 미국 경제 매체 《포브스》 선정 '전 세계에서 가장 많은 수입을 거둔 유튜버'에 올랐다. 도널드슨의 수입은 미국의 유명인 킴 카다시안Kim Kardashian이나 배우 앤젤리나 졸리Angelina Jolie, 한국의 방탄소년단BTS과 비견되는 것은 물론 월 스트리트 최고경영자의 평균 연봉을 훌쩍 뛰어넘는 금액이다. 그가 자신의 유튜브 채널에 올린 〈현실판 오징어 게임〉 영상의 내용은 '일반인을 대

[그림 1.2] 지미 도널드슨의 '미스터비스트' 채널과 〈오징어 게임〉을 차용한 콘텐츠.

상으로 상금을 내건 생존 게임을 시키고, 누군가 이 모습을 지켜본다'라는 드라마 〈오징어 게임〉의 구도를 그대로 차용했다. 영상의 조회 수는 2.3억 회를 넘어섰고, 도널드슨은 이 영상을 위해 40억 원가량을 투자한 것으로 알려졌다. 현재 '미스터비스트' 채널의 구독자는 9,250만 명인데, 〈현실판 오징어 게임〉 영상을 업로드한 후 구독자는 9,150만 명가량 증가했다. 오리지널 지적재산권^{intellectual property·IP}이 가진 영향력이 워낙 크기도 했지만 이를 활용하여 또 다른 오리지널 콘텐츠를 만들어 팬들의 폭발적인 반응을 만들어 낸 것이다. 크리에이터가 만든 콘텐츠에 대중이 움직인다.

이렇게 누구나 크리에이터가 될 수 있는 환경과 유튜브처럼 강력한 플랫폼은 크리에이터가 영향력을 만들고 수익을 창출할 기회를 더욱 키워주는 성장의 발판이 되어주고 있다. 앞서 말한 것처럼 이러한 시대는 크리에이터 이코노미의 실현을 더욱 촉진할 것이다. 자신이 창작한 콘텐츠 혹은 창조해낸 IP를 더욱 견고하게 성장시키면서 수익까지 창출하는 선순환 환경이 더욱 가속화되고 있다는 이야기다. 이러한 선순환이야말로 더 많은 크리에이터가 콘텐츠 창작에 뛰어들 수 있는 동기가 되고, 이는 크리에이터가 단순히 취미 생활이 아니라 하나의 산업이 형성되는 바탕이 될 수 있음을 의미한다. 크리에이터가 만든 콘텐츠가 돈을 버는 세상, 바야흐로 크리에이터가 직업이 되는 시대가 열리고 있다.

유튜브가 크리에이터를
직업으로 허하노라

2018년 미국 여론조사기관 해리스폴이 레고와 함께 미국, 영국의 8~12세 어린이 3,000명을 대상으로 조사한 결과 미국과 영국 어린이 약 30퍼센트가 유튜버가 되고 싶다고 밝혔다. 오랫동안 많은 어린이의 꿈이었던 운동선수는 20퍼센트, 우주인은 10퍼센트를 겨우 넘어선 가운데, 유튜버가 당당히 1등을 차지한 것이다. 우리나라와 일본에서도 유튜버가 최근 몇 년간 초등학생 장래희망 조사에서 꾸준히 3위 안에 이름을 올리고 있다. 홈런을 치고 골을 넣는 운동선수나, 우주선을 타고 미지의 세계로 나아가는 우주인보다 콘텐츠를 만드는 유튜버가 전 세계 어린이들의 머릿속에 더 큰 비중으로 자리 잡고 있다는 이야기다. 이제 어린이들은 '텔레비전에 내가 나왔으면'이 아니라 '유튜브에 내가 나왔으면'을 더욱 희망하고 있는 셈이다. 어린이들 사이에서 유튜버의 인기가 운동선수를 넘어선 것도 충격이지만, 크리에이터를 어엿한 하나의 직업으로 이해하고 있다는 것은 더욱 흥미롭다. 2021년 전 세계 최상위 유튜버 10인 중에도 나스챠Nastya*와 라이언 카지Ryan Kaji** 등 어린 유튜버들이 포함돼 있고, 한국에서도 2019년에 강남에 있는 빌딩을 산 키즈 유튜버 이야기가 연일 화제가 되기도 했던 것처럼, 이들의 표면적인 성공이 이러한 시대의 변화를 만들어냈는지도 모르겠다.

　　여기서 주목할 만한 재미있는 사실은 설문조사, 기사, 리포트 등에서 모두들 '크리에이터'가 아니라 '유튜버'라는 용어를 쓰고 있다는 점이다. '접착메모지'라는 용어보다 '포스트잇'이 훨씬 자연스럽듯이, 콘텐츠를 만드는 창작자들을 '크리에이터'보다는 '유튜버'라 부르는 게 더욱 익숙하다. 오늘날의 크리에이터를 탄생시키고 영향력 있는 하나의 직업으로까지 성장시킨 장본인이 유튜브인 만큼 언제부터인가 우리 일상에서도 '유튜브'라는 고유명사가 보통명사로 사용되기 때문일 것이다. 실제로 유튜브가 없었다면 크리에이터가 이렇게까지 두각을 나타내는 직업이 되긴 힘들었을 것이다. 단순히 콘텐츠를 만드는 일로 돈을 벌 수 있고 생계를 유지해 나가기 힘든 것은 물론, 이 일이 지속 가능한 모델임을 증명하는 것은 더더욱 어렵기 때문이다. 유튜브는 다양한 성공 사례를 직

*　　채널명은 '라이크 나스챠Like Nastya'이고 구독자는 현재 9,010만 명에 달한다.
**　　채널명은 '라이언스 월드Ryan's World'이고 구독자는 3,210만 명이다.

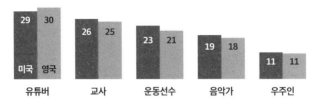

어린이 장래희망 (단위 %, 복수 선택)

[그림 1.3] 미국, 영국의 어린이를 대상으로 조사한 장래희망 결과. (출처: 해리스폴, 2018.)

간접적으로 보여주며 콘텐츠를 만들어 수익을 창출하는 것이 실현 가능함을 증명했다. 마치 유튜브를 직장으로, 그리고 그곳에서 콘텐츠를 만드는 크리에이터는 직업이 될 수 있도록 만든 것이다. 실제로 국세청은 2019년 9월 1일부터 크리에이터를 위한 업종코드(940306, 921505)를 신설하며 크리에이터를 정식 직업으로 인정하기도 했다.

크리에이터라는 직업을 더욱 빛나게 만들고 그 성장에 중요한 역할을 하는 다중 채널 네트워크multi channel network·MCN 산업도 유튜브 생태계에서 등장한 개념이다. 유튜브에서 인기가 높아지고 수익을 내는 채널이 많이 생기자, 여러 유튜브 채널들을 묶어 관리해 주는 곳이 MCN의 출발이다. MCN은 다양한 유튜브 채널과 제휴한 사업자로서 시청자 개발, 크리에이터 간 협업, 디지털 저작권 관리, 수익화, 세일즈 등의 서비스를 제공한다. 유튜브는 MCN을 중요한 파트너로 이해하고 2013년부터 개별 MCN에게 소속된 유튜브 채널의 운영 및 정산을 일괄 관리할 수 있도록 롤업^{roll-up} 기능을 제공했다. MCN들은 롤업 기능을 통해 더욱 많은 채널과 제휴를 맺을 수 있게 되었고, 특히 유튜브 광고수익을 직접 관리하거나 배분할 수 있게 되면서 폭발적으로 성장하기 시작했다. 6만 명의 크리에이터와 제휴하며 몸집을 키워오던 미국 내 1위 MCN 사업자 메이커 스튜디오^{Maker Studios}가 2014년 디즈니에 인수되면서(이후 디즈니는 결국 이 사업을 접게 되지만) MCN의 성장세는 절정에 다다랐다.

MCN은 기본적으로 디지털 콘텐츠 분야에 잠재력을 가진 크리에이터들을 조기에 발굴 및 육성하고, 이들이 창작에 전념할 수 있도록 도와주며, 파생되는 여러 비즈니스를 공동으로 실행하는 일을 주로 해왔다. 연예기획사가 연예인을 관리하듯 MCN은 크리에이터들의 매니저 역할을 해왔기에 크리에이터 기획사라 이해하는 것이 쉬울 듯하다. 하지만 최근에 몇몇 연예인들이 직접 MCN에 합류하면서 MCN과 연예기획사의 경계조차 점점 사라지고 있다. MCN이 소속 연예인들을 위해 전담 매니저를 고용하여 전반적인 업무 스케줄을 대신 관리해 주고, 방송사, 광고주와의 연결을 돕는 일을 하고 있는 것이다. 여기서 나아가 최근 MCN은 연예인과 콘텐츠를 직접 기획하고 제작하는 역할에 더욱 집중하는 모습을 보이는데, 유튜브 파트너인 MCN이 온라인 콘텐츠 플랫폼 특성과 콘텐츠 트렌드에 대한 이해도가 높다는 부분을 활용해 차별화를 꾀하려는 듯하다. 어쨌든 이렇게 크리에이터가 본연의 역할인 콘텐츠 창작에 힘을 쏟도록 인프라를 제공하고, 더욱 다양한 수익 활동을 할 수 있도록 지원하는 MCN이 하나의 산업군으로 자리 잡게 된 것도 유튜브라는 생태계가 있기에 가능했던 것이다.

MCN을 통해 유튜브에 진출한 소수의 연예인뿐만 아니라, 이제 웬만한 연예인과 유명인 들에게도 유튜브 활동은 선택이 아닌 필수인 것으로 보인다. 물론 몇 년 전에는 아주 유명한 연예인보다는 무명 혹은 신인 들이 수익 활동, 즉 생계를 위해 유튜브 활동에 뛰어드는 경우가 더 많았다. 불러주는 곳이 없고 출연할 프로그램이 없는 상황에서 대중에게 다가갈 방법을 찾다가 유튜브를 시작한 것이다. 따라서 아무래도 콘텐츠 기획력이 충분하고 끼가 많은 개그맨들이 주류를 이루었는데, 대부분의 방송사에서 개그 프로그램이 폐지되면서 이들이 설 자리를 잃은 것과도 연관이 있다. 그러나 개그맨들은 규칙과 표현의 한계가 없는 유튜브에서 오히려 더욱 자유롭게 콘텐츠를 만들었고, 대중의 주목을 얻어 성공하면서 유튜브 활동에 대한 인식과 관점을 확 바꿔놓았다. 사람들은 버라이어티 예능보다도 연예인들이 더욱 현실적이고 인간적인 모습을 보여주는 유튜브 채널에 더욱 열광하기 시작했다. 이제 팬들이 소속사 혹은 연예인에게 유튜브를 해달라는 요청을 하거나 팬클럽에서 직접 유튜브 채널을 운영하는 것은 자연스러운 일이다. 처음엔 이미지 관리나 사생활 노출에 대한 부담으로 주저하던 유명 연예인들도 다양하고 자유롭게 본인을 표현할 수 있다는 인식을 가지면서 오히려 적극적으로 유튜브에 도전하는 경우가 많아지고 있다. 가수 겸 방송인 김종국은 지난 2021년 6월 '짐종국GYM JONG KOOK' 채널을 개설해 단시간에 245만 명이 넘는 구독자를 확보하며 국내 인기 크리에이터 1위에 이름을 올렸다. 2020년에는 백종원이 '백종원의

[그림 1.4] 백종원, 김종국의 유튜브 채널

요리비책'이라는 유튜브 채널을 개설한 지 45시간 만에 100만 구독자를 달성해 버리기도 했다. 연예인과 유명인들은 이제 TV와 영화뿐 아니라 유튜브를 통해 자신을 표현하는 데 주저하지 않고 더욱 자유롭게 팬들과 소통하며 영향력을 키워나가기 시작했다.

이러한 크리에이터 생태계의 성장에 방점을 찍기 위해 공공기관들이 조력자로 나섰다. 과학기술정보통신부, 문화체육관광부, 서울시 등 여러 정부 기관과 지방자치단체들이 1인 미디어 산업을 국가의 미래 먹거리로 보고 적극적인 지원 정책들을 펼치기 시작했다. 창작자 발굴에서 콘텐츠 제작, 사업화, 해외 진출까지 전 주기 지원을 강화하여 크리에이터들이 콘텐츠 제작을 취미에서 그치지 않고 일과 직업으로 삼아, 결국 이것이 지속 가능한 산업으로 자생하고 성장할 수 있도록 발판을 마련하고 있다. 과학기술정보통신부는 2019년 1인 미디어 산업 활성화 방안을 공표한 이래 산하기관인 한국전파진흥협회를 통해 2021년에만 전국 5개 권역에서 250명의 크리에이터를 육성하고, 10여 팀을 성공적으로 중국 시장에 진출시키는 등 다양한 1인 미디어 육성 프로그램을 추진하고 있다. 서울시 산하 서울산업진흥원에서는 매년 100팀 이상의 크리에이터를 뽑아 크리에이티브포스라는 비영리 크리에이터 커뮤니티를 운영히ᄂ데, 이곳에는 2021년 기준으로 700팀 이

[그림 1.5] 정부 기관과 지방자치단체가 지원하는 크리에이터 육성 사업 포스터들.

상이 소속돼 있다. 이 커뮤니티에 소속된 1인 미디어 크리에이터들은 주로 서울시 홍보와 경쟁력 있는 중소기업을 홍보하는 영상을 만들고 있다. 또한 과학기술정보통신부와 서울시는 매년 코리아 크리에이터 페스타Korea Creator Festa를 개최하고 클린 콘텐츠 캠페인을 주도하는 등 크리에이터 생태계 활성화를 적극적으로 선도하고 있다. 유튜브라는 플랫폼이 크리에이터라는 직업과 MCN이라는 산업을 탄생시키고, 이제는 정부의 지원을 받으며 우리 삶 깊숙이 뿌리내리는 현장을 우리 모두 함께 지켜보고 있다.

유튜브의 영향력은 도대체 어느 정도기에 이런 일들이 가능한 걸까? 실제 유튜브가 만들어 내는 숫자들에서 그 영향력을 직간접적으로 가늠해 볼 수 있다. 글로벌 온라인 콘텐츠 플랫폼인 유튜브는 전 세계 100개 이상의 나라에서 서비스되고 있고, 80개 이상의 언어로, 20억 명이 넘는 사람들이 유튜브를 통해 콘텐츠를 시청하고 있다. 1분마다 500시간이 넘는 분량의 콘텐츠가 유튜브에 업로드되고 있으며 매일 수십억 번 영상이 재생된다. 전 세계적으로 오리지널 콘텐츠 바람을 일으키고 있는 넷플릭스 시청시간이 하루 4억 시간인 데 비해, 유튜브 시청시간은 하루 10억 시간을 가볍게 넘긴다. 유튜브 로 정보를 탐색하고 필요한 것을 배우며 문화를 즐기는 것이 일상이니 정말로 하루를 유튜브로 시작해 유튜브로 끝낸다는 말이 괜히 들리는 게 아닌 듯싶다. 우리나라 전체 국민의 90퍼센트 이상이 매달 유튜브를 한 번 이상 보고 있고, 이미 국민 1인당 평균 유튜브 시청시간이 하루 1시간을 돌파하며 카카오 톡 사용 시간의 두 배에 이른다. 팬데믹 상황에서 유튜브의 성장세는 더욱 거셌다. 크리에이터가 곧 유튜버라고 보기에 무리가 아닐 정도로 유튜브의 영향력은 이미 커진 듯하다.

독점 플랫폼 유튜브가 '갑'님이래요

공급자가 하나 혹은 소수만 존재하는 시장을 독과점 시장이라고 한다. 따라서 대부분의 독과점 시장은 공급자보다 수요자에게 불리한 구조다. 유튜브가 독점하고 있는 온라인 콘텐츠 플랫폼 시장도 예외는 아니다. 이에 유튜브는 영향력 있는 플랫폼으로서의 책임을 다하기 위해 다양한 규제 정책을 끊임없이 내놓고 있다. 그중 '노란 딱지'는 유튜브 운영 기준을 위배한 콘텐츠에 붙는 아이콘으로, 이 아이콘이 붙은 영상은 광고 부적합 영상임을 뜻한다. 이 '노란 딱지'는 논란이 되는 영상에 자사 제품 광고가 노출되지 않기를 바라는 광고주들을 위해 생긴 것으로, '노란 딱지'가 붙은 콘텐츠를 올린 크리에이터는 수익을 내기가 어렵다. 이 행위는 플랫폼 사업자인 유튜브가 정보의 진위, 유해성을 임의로 판단하는 것이기에 플랫폼 사업자의 의사결정이 어떤 과정을 거쳐서 이뤄지는지, 판단의 이유가 무엇인지 투명하게 드러내는 노력이 훨씬 많이 필요하다. 그러나 플랫폼 내 콘텐츠의 자정 능력을 강화하기 위함이라는 유튜브의 설명에도 불구하고, 크리에이터들에게서 '노란 딱지'의 가이드가 불분명하다는 우려와 불만의 목소리가 끊임없이 나오는 건 그 노력이 충분하지 못함을 반영하는 것일 테다.

유튜브 채널을 운영하여 구독자가 1,000명이 넘고, 공개 동영상의 유효 시청시간이 4,000시간 이상이 되면 유튜브 파트너 프로그램Youtube Partner Program·YPP 참여를 통해 영상에 광고가 붙고, 그 수익을 크리에이터가 나눠 가질 수 있다. YPP에 가입된 채널의 경우 콘텐츠에 광고를 붙일 수 있고, 광고수익의 45퍼센트를 유튜브 측이 수수료로 받아간다. 그런데 2021년 6월부터 유튜브는 YPP 가입 기준에 미달하는 모든 영상에도 광고를 붙이고, 그 수익을 막상 크리에이터에게는 나눠주지 않는 정책을 시행했다. 즉, 모든 영상에 유료 광고가 적용된 것으로, 이는 구독자가 단 1명뿐인 채널에도 광고가 삽입될 수 있다는 것을 의미한다. 게다가 YPP에 가입하지 못한 채널의 광고수익은 유튜브가 전부 가져간다. 즉, 제작자 의견과 상관없이 유튜브 측이 광고를 삽입하고, 수익도 제작자에게 배분하지 않는다는 것이다. 이는 구독자들이 광고를 보지 않도록 하기 위해 일부러 YPP에 가입하지 않았던 크리에이터에게도, 광고가 없어 초기에 빠른 속도의 성장을 꾀하려 했던 신인 크리에이터에게도 달갑지 않은 상황이다. 유튜브 자체의 광고수익은 계속 성장하는 상황 속에서, 크리에이터들에게는 수익을 나눠주지 않으려고 시행된 정책이라는 비판과 동시에 크리에이터들이 만든 콘텐츠 없이 유튜브가 지금까지 성장할 수 있었겠느냐는 원망도 터져 나오고 있다. 그 밖에도 키즈 콘텐츠에 대한 광고 규제, 댓글 언어 차별, 커뮤니티 자막 제공 지원 중단까지, 유튜브가 시행하는 많은 규제와 정책들은 크리에이터를 위한 것이 아니라, 유튜브를 위한 친플랫폼 전략으로 보인다는 비판도 끊이지 않고 있다. 이 전략이 누구를 위한 것인지 판단하는 것과는 별개로, 유튜브가 일방적으로 정한 정책을 그대로 크리에이터가 따를 수밖에 없는 현 상황은 독과점 시장인 온라인 콘텐츠 플랫폼 시장의 한계를 그대로 보여주고 있다.

유튜브는 세계에서 가장 큰 온라인 콘텐츠 플랫폼이지만, 사실 한 나라 안에서는 로컬 플랫폼과 다름없다. 크리에이터들이 만드는 콘텐츠는 언어, 문화, 유행의 공감대에 의해 소비되는 측면이 매우 강하기 때문이다. 당연히 크리에이터들도 본인과 동일한 경험을 가진 대상을 타깃으로 콘텐츠를 만드는 게 일반적이다. 유튜브의 알고리즘도 자국의 모국어로 된 콘텐츠를 먼저 노출하도록 설계돼 있어 해외 콘텐츠의 노출 빈도는 매우 제한적이다. 일부러 검색해서 찾아보거나 연관 키워드에 걸리지 않는 이상 한국인이 만든 콘텐츠는 대부분 한국인이 소비한다는 이야기다. 쉽게 말해 한국에서 유튜브 크리에이터로 활동한다는 건 '글로벌 유튜브'가 아니라 '유튜브 코리아'가 주된 무대가 된다는 것이다.

2021년 1월 기준으로 전 세계에서 인구수 대비 수익창출 유튜브 채널의 개수가 가장 많은 나라는 529명당 1개를 보유한 대한민국이었다. 미국은 유튜브로 광고수익을 벌 수 있는 채널이 세계에서 가장 많지만(49만 6,379개), 인구 666명당 1개의 수익창출 채널을 가지고 있다. 이렇게 인구수 대비 수익창출 유튜브 채널의 개수가 가장 많은 대한민국도 로컬 플랫폼이라는 관점에서 유튜브 시장을 살펴보면 월간 활성 사용자 수monthly active users·MAU가 4,000만 명 정도 되는 그리 크지 않은 시장으로 바뀐다. 유튜브가 한국 시장을 독점하고 있더라도 제한된 인구수는 처음부터 명확하게 성장의 한계를 안고 있다. 게다가 연간 수익이 수십억 원인 초대형 유튜버들의 성공 사례가 알려지고, 취업난에 시달리던 청년들까지 크리에이터 활동에 도전하며 유튜브는 더욱 레드오션이 되고 있다. 유튜브는 게임, 쇼핑, 배달 등 다양한 모바일 서비스들과 사용자들의 이용시간을 경쟁해야 하므로, 팬데믹과 같은 예외 상황을 제외하고는 유튜브 내에서 콘텐츠를 소비하는 시간이 더 이상 늘어나기 어렵기 때문이다. 팬데믹으로 인한 거리두기가 해제된다면 사용자들의 한정된 시청시간을 서로 차지하려는 크리에이터의 경쟁은 더욱 심해질 것이고, 크리에이터들의 수익창출 문제는 더 해결하기 어려워질 수 있다. 2020년 국세청 기준 국내 크리에이터 소득 하위 90퍼센트의 평균 월 수익은 57만 원으로 나타났고, 월 평균 광고수익이 10만 원에 미치지 못하는 크리에이터가 52퍼센트에 달했다.

2019년 12월 8대 방송사 콘텐츠의 VODvideo on demand 서비스를 제공하는 플랫폼인 스마트미디어렙은 5년 만에 방송 프로그램 관련 콘텐츠를 유튜브에 다시 공급하기로 결정했다. 국내 플랫폼인 네이버와 카카오의 초기 성장을 지원하며 수

전 세계 수익 창출 유튜브 채널 수 비교 (단위: 명)

▶ YouTube	광고 수입 유튜버	인구 N명당 구독자 1,000명 이상 채널 수	해당 국가 인구
미국	49만 6,379	666개	3억 3,052만
인도	37만 9,899	3,633개	13억 8,000만
브라질	23만 6839	892개	2억 1,134만
인도네시아	19만 2,965	1,422개	2억 7,442만
일본	15만 4,599	815개	1억 2,596만
러시아	13만 1,104	1,119개	1억 4,674만
대한민국	9만 7,934	529개	5,178만
영국	9만 1,517	730개	6,683만
프랑스	6만 5,583	1,002개	6,571만
멕시코	6만 5,001	1,942개	1억 2,620만

[그림 1.6] 국가별 인구수 대비 수익창출 유튜브 채널 수 비교. (출처: 머니투데이)

익까지 기대했지만 이들 플랫폼이 유튜브의 성장을 따라가지 못하자 결국 돈이 되는 유튜브를 다시 선택하게 된 것이다. 이러한 상황에서 많은 연예인과 유명인 들이 새롭게 바뀐 트렌드와 기회를 좇아 빠르게 유튜브로 진출하기 시작했다. 1~2년 동안 온 힘을 다해도 10만 구독자 달성이 어려운 개인 크리에이터에 비해 연예인과 유명인들은, 앞서 김종국과 백종원 사례에서 보듯이, 단기간에 50만~100만 명의 구독자를 달성하는 모습을 보여주고 있다. 앞서 말했듯이 유튜브 코리아가 가진 한정된 시청시간에서조차도 방송 프로그램 클립과 연예인들이 차지하는 비중이 점점 커지고 있는 것이다. 이는 곧 개인 크리에이터가 사용자들의 시청시간을 확보하는 것이 점점 더 어려워짐을 뜻한다. 이러한 한계 속에서 개인 크리에이터들이 고려할 만한 다른 대안은 없을까?

유튜브 말고
다른 플랫폼은 없나요?

개인 크리에이터들이 앞서 언급한 산업의 여러 한계에서 벗어나기 위해서는 유튜브 이외의 다른 플랫폼에서 대안을 찾는 것이 필요하다. 하지만 국내 온라인 콘텐츠 플랫폼 시장에서는 그 답을 찾기가 어려워 보인다. 네이버TV, 카카오TV 등 대안이 될 수 있는 국내 플랫폼들은 그동안 수익배분율을 높여 스마트미디어렙 끌어들이는 등 크리에이터와 콘텐츠를 유입시키기 위해 무던히도 애썼지만, 유튜브와의 격차는 오히려 더 벌어진 상황이다. 네이버TV는 광고수익 채널 자격조건*이

---

*   채널 구독자 수가 300명 초과하고 채널 내 등록된 동영상의 재생시간 300시간 초과해야 광고수익 채널 자격을 얻을 수 있다.

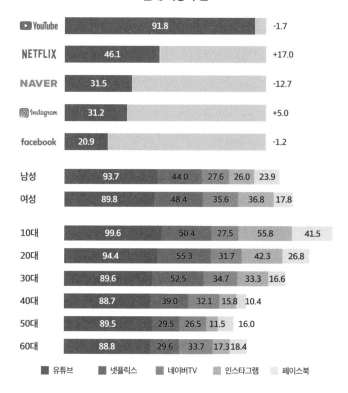

전체 이용자 분포

	유튜브	넷플릭스	네이버TV	인스타그램	페이스북	
▶ YouTube	91.8					-1.7
NETFLIX	46.1					+17.0
NAVER	31.5					-12.7
Instagram	31.2					+5.0
facebook	20.9					-1.2
남성	93.7	44.0	27.6	26.0	23.9	
여성	89.8	48.4	35.6	36.8	17.8	
10대	99.6	50.4	27.5	55.8	41.5	
20대	94.4	55.3	31.7	42.3	26.8	
30대	89.6	52.5	34.7	33.3	16.6	
40대	88.7	39.0	32.1	15.8	10.4	
50대	89.5	29.5	26.5	11.5	16.0	
60대	88.8	29.6	33.7	17.3	18.4	

[그림 1.7] 2021년 인터넷 이용자 조사에서 분류한 온라인 동영상 시청 플랫폼. (출처: 나스미디어, 2021.)

유튜브에 비해 많이 낮지만, 조회 수 대비 광고수익은 오히려 더 높다는 강점이 있어 네이버 블로그, 포스트, 카페 연동을 통해 하나의 콘텐츠를 다양하게 활용하고자 하는 크리에이터 들의 활동 초기 모델로는 더 적합한 플랫폼일 수도 있다. 그럼

[그림 1.8] 방송 콘텐츠 위주의 네이버TV, 카카오TV 메인화면.

에도 크리에이터들이 네이버TV를 대안으로 삼기 어려운 기본적인 이유는 사용자 수가 유튜브의 10분의 1에도 못 미치고 있어 콘텐츠만으로는 기대할 수 있는 수익이 매우 낮기 때문이다. 블로그, 포스트뿐만 아니라 쇼핑라이브 등 크리에이터의 활동 범위를 넓힌 기능들은 오히려 크리에이터들의 집중을 흐트러뜨리고 관리의 부담을 가중시키는 한편, 더 좋은 콘텐츠를 제작할 시간에 검색엔진 최적화^{search engine optimization·SEO*} 공부를 해야 하는 비정상적 상황을 초래하기도 한다. 이러한 상황을 반영한 건지, 아니면 개인 크리에이터들의 성과가 기대에 못 미쳐서인지 네이버TV의 메인화면 구성은 여전히 방송 콘텐츠에 초점이 맞춰져 있다.

또 다른 대안인 카카오TV는 다음tv팟과 통합하며, 압도적인 모바일 사용자 수를 확보하고 라이브를 기반으로 유명 개그맨과 대형 크리에이터 들을 공격적으로 섭외하는 초기 행보를 보였다. 하지만 다양한 방송 프로그램과 콘텐츠가 늘어났음에도 사용자 수는 생각만큼 빠르게 성장하지 못했다. 이 와중에 2019년부터 카카오M의 영상 콘텐츠 사업이 크게 확장되고 자체제작되는 드라마, 예능, 영화 등을 배포할 플랫폼이 필요해지자 카카오TV는 OTT로 서비스 영역을 확대하게 된다. 결국 2021년 7월 30일 개인방송 후원과 광고수익 분배를 완전히 중단하고 만다. 이렇게 국내 온라인 콘텐츠 플랫폼 양대 산맥인 네이버TV와 카카오TV조차도 그 역할을 못 하는 실정이니, 다른 소규모 플랫폼에서 개인 크리에이터들이

---

* 검색엔진에서 검색이 잘되게 하는 방법론을 말한다.

대안을 찾기란 더욱 어려운 게 현실이다.

이들과 조금 성격이 다른 국내 OTT 플랫폼인 웨이브, 티빙, 왓챠 등은 전문 콘텐츠 제작사의 영상 콘텐츠 배포에 집중하고 있다. 개인 크리에이터들이 콘텐츠를 들고 진출할 수 있는 시장은 아니다. 오히려 이런 OTT보다는 유튜브처럼 개인 크리에이터 콘텐츠에 집중하고 있는 다른 글로벌 플랫폼들에 기대를 걸어보는 게 더 나을 듯하다. 대안으로 제시할 만한 플랫폼 중에는 틱톡^{TikTok*}과 인스타그램이 있다. 이들의 성장세는 가히 폭발적이며 특히 틱톡은 국내외에서 이미 충분히 유튜브를 위협하고 있는 수준이다. 다만 콘텐츠 광고수익을 크리에이터에게 배분하는 구조가 아니라서 결국 틱톡과 인스타그램에서의 성장과 영향력을 바탕으로 하는 광고마케팅 및 비즈니스 연계로 수익화 방향을 잡아야 하는데, 개인 크리에이터에게 버거운 일임은 분명하다. 최근 틱톡을 전문으로 하는 MCN이 등장하기 시작하는 것과도 이와 관련이 있다.

다행인 것은 이런 플랫폼들이 최근 크리에이터들의 창작 활동을 직접적으로 지원하는 여러 정책들을 고민하고 시도하고 있다는 점이다. 또한 크리에이터 이코노미의 정착도 하

---

* 　중국의 바이트댄스가 운영하는 플랫폼으로 중국판 틱톡은 '더우인抖音'으로 구분해 운영 중이다.

나의 방법론이 되어줄 것으로 보인다. 크리에이터 이코노미에 따른 지원 대책으로 틱톡은 2022년 말까지 크리에이터를 금전적으로 지원하기 위해 20억 달러(2.4조 원)를 조성했고, 인스타그램은 숏폼 동영상 서비스인 '릴스Reels'에서 콘텐츠를 제작하는 크리에이터들에게 총 10억 달러(1.2조 원)를 지급할 계획이다. 하지만 금전적 지원을 받는다 하더라도 틱톡과 인스타그램 같은 글로벌 플랫폼들도 결국 로컬 시장 규모의 한계에 봉착한다는 사실은 달라지지 않는다. 크리에이터들이 얻을 수익은 나라별 트래픽에 비례하여 지원되므로, 결국 시장의 크기에 비례하기 때문이다. 결국 이를 타파하기 위한 궁극적 대안은 국내 시장을 넘어 해외 시장에서 찾아야 한다는 결론에 이르게 된다.

국내에 답이 없다면
해외로 떠나자

해외 시장 진출을 고민할 때, 유튜버로서의 경험치와 최대 사용자를 보유하고 있는 유튜브의 규모와 영향력을 활용하려면 한국형 영상 콘텐츠에 외국어 자막을 달아 해외로 내보내는 게 가장 간단한 방법이다. 비용과 시간의 제약으로 모든 외국어 자막을 준비할 수는 없으므로 유튜브 스튜디오에서 제공하는 국가별 유입 데이터를 보고 상위 언어 몇 개부터 시작하는 것도 효과적이다. 다만, 앞서 말했듯 이때 유튜브 알고리즘을 통해 해외 사용자에게 한국어로 된 콘텐츠가 자동으로 노출될 확률은 매우 낮다는 사실을 기억해야 한다. 그러므로 해당 국가에서 홍보 활동을 겸하거나 기존 팬들의 자발적인 홍보가 뒷받침돼야 검색 혹은 키워드 등을 통해 사용자가 채널로 유입되고 성장도 가능해질 것이다.

이보다 더 효과적인 방법은 타깃으로 삼은 국가에 특화된 채널과 콘텐츠를 만들어 그 시장에 직접 진출하는 것이다. 대부분의 다른 국가도 우리나라와 마찬가지로 유튜브가 인터넷 콘텐츠 시장을 독점하는 상황이므로 타깃 국가의 언어만 뒷받침이 된다면 얼마든지 도전이 가능하다. 인도네시아를 대상으로 뷰티 및 패션 크리에이터로 활동하며 246만 명의 구독자를 보유한 '써니다혜Sunnydahyeln', 스페인을 대상으로 한류 브이로그 크리에이터로 활동하며 185만 명의 구독자를 보유한 '젝스 꼬레아나JEKS Coreana', 22개국 약 4억 명의 아랍인들을 위한 한국과 아랍 문화콘텐츠를 만들며 154만 명의 구독자를 보유한 '잔나코리아Jannahkorea' 등이 대표적인 사례다. 하지만 특정 국가에 거주하거나 해당 외국어를 전공한 경우기 아닌 대부분의 크리에이터는 타깃 국가의 언어를 자유롭

[그림 1.9] '젝스 꼬레아나'와 '잔나코리아' 채널.

게 구사하지는 못하기에 이를 보편적인 해외 진출 방법이라
고 보기는 어렵다. 아울러 언급한 두 방법도 결국 유튜브를
통해 해외로 진출하는 것이므로, 콘텐츠 자유도와 수익성은
보장되지 않은 채 규제만 늘리고 있는 현 유튜브의 상황 속에
서 이 방법들도 궁극적 해결 방법이라고 보기는 어렵다.

이러한 한계가 있음에도 우리는 한국 콘텐츠의 힘을 믿
고 해외 시장을 공략하는 것에 더욱 힘을 쏟아야 한다. 세계
를 평정하고 있는 대표 한국 콘텐츠인 〈핑크퐁 아기상어〉가

[그림 1.10] 〈핑크퐁 아기상어〉 유튜브가 세운 세계 기록 포스터. (출처: 더핑크퐁컴퍼니)

전 세계 유튜브 조회 수 1위로 기네스북에 등재된 데 이어, 2022년 1월 '100억 뷰 영상' 신기록을 기록했다. 전 세계 유튜브 역사상 최초 기록으로, 당시 2위를 기록하고 있는 〈데스파시토〉 뮤직비디오에 비해 약 23억 뷰 높은 수치다. 조회 수 기준으로 지구상에 사는 모든 인구가 적어도 한 번씩 〈핑크퐁 아기상어〉 영상을 본 셈이며, 총 재생시간은 약 4.3만 년으로 구석기 시대부터 현재까지 이르는 기간에 해당한다. 조회 수 기록뿐 아니라 누적 구독자 수 9,000만 명에 이르는 영어 채널에 이어, 한국어, 스페인어 채널에서도 구독자 1,000만 명을 돌파하면서 1,000만 구독자 달성 시 유튜브에서 제공하는 다이아몬드 버튼을 세 개나 확보하며 '트리플 다이아몬드 버튼'에 오르는 쾌거도 함께 이루어 냈다. 이렇듯 좋은 콘텐츠는 반드시 국경과 인종을 뛰어넘어서 사랑받고 있다.

2021년에 한국대중문화계는 전 세계의 무대에서 새로운 역사를 써 내려갔다. 배우 윤여정이 미국 아카데미 시상식에서 여우조연상을 받은 것을 시작으로, BTS는 여름 내내 〈Butter〉로 10주간 빌보드 싱글차트 정상으로 군림했다. 가을과 겨울에는 〈오징어 게임〉과 〈지옥〉이 잇달아 넷플릭스 드라마 세계 순위 1위에 올랐다. 외신들은 K콘텐츠의 약진을 분석하는 기사를 쏟아냈다. 한국문화 콘텐츠가 해외 시장에서도 열광적인 인기를 얻을 만큼 높은 수준을 갖췄음을 실감한 한 해이기도 했다. 영화관은 대부분 수입한 외화들이 점령하고 있고, TV프로그램은 미국이나 일본에서 유행했던 포맷을 차용해야만 흥행한다고 여겼던 한국 콘텐츠 시장의 모습은 더 이상 찾아보기 어려웠다. 내수시장의 규모가 작아 늘 해외 시장 진출만을 꿈꿨던 대한민국이 팬데믹을 딛고 해외에서 콘텐츠 강국으로 자리 잡게 된 것이다. 2021년은, 오랫동안 K팝 정도에만 머물렀던 한류가 K콘텐츠 영역으로까지 확대됐음을 공식화하는 원년으로 기억될 것이다.

그동안 콘텐츠 산업에서 영미권 외의 국가들은 동일한

출발선에 서 있을 수 없었다. 언어 때문에 확산 속도가 느렸고 인구수 측면에서 봐도 시장 규모가 작았다. 하지만 팬데믹이라는 이례적인 환경은 더 많은 콘텐츠를 소비하며 OTT 시장을 폭발적으로 성장시켰고, 이는 전 세계 사용자들이 해외의 콘텐츠에도 더 많은 관심을 갖게 하는 계기가 되었다. 이제 글로벌 사용자들은 자막을 보거나 더빙한 대사를 듣는 것에 이전보다 익숙하다. 해외의 콘텐츠에 대한 전 세계 사용자들의 경계심이 점차 줄면서 해외 진출을 꿈꾸던 크리에이터들의 가장 큰 장벽도 사라지게 된 것이다. 유튜브가 탄생시켰으나 되레 유튜브에 갇혀버린 크리에이터들. 출구전략이 필요한 크리에이터들에게, 어쩌면 그 답을 찾기에 가장 적합한 환경이 바로 지금 만들어지고 있는지도 모른다.

★

2장

유튜브 없는 중국 시장에
오히려 기회가 있다고?

모든 사람은 제각기 자신만의 시야로
세상의 한계를 정한다.

—아서 쇼펜하우어

2019년 10월 1일, 한국의 조그마한 한 스타트업이 "유튜브를 넘어서"를 외치며 '누구나' 크리에이터가 되는 시대에서 '어디에서나' 크리에이터가 되는 시대를 열어가겠다고 선언하고 나섰다. 조건과 제약이 없었기에 누구나 크리에이터가 될 수 있었다면서, 이제는 크리에이터가 원한다면 어느 나라에서든 어떤 플랫폼에서든 활동할 수 있어야 한다는 주장이다. 공간의 제약이 없는 만큼 크리에이터들은 어떤 시장으로든 진출할 수 있으므로 이 스타트업의 포부가 완전히 불가능한 것이라고 말하기는 어렵다. 물론 '유튜브 코리아'가 충분한 기회를 제공하고, 크리에이터로서 지속 가능한 미래를 보장해 준다면 굳이 유튜브라는 플랫폼을 떠나거나, 해외 시장 진출을 노릴 필요는 없을 것이다. 그러나 현재 크리에이터들에게는 유튜브가 아닌 다른 대안이 절실해 보인다.

앞서 유튜브라는 플랫폼은 사실상 언어, 문화의 틀 안에서 보면 로컬 플랫폼과 다름없다고 말했다. 한국의 유튜브 시장도 과포화 상태에 가깝고, 반면 크리에이터의 수익성은 점차 낮아지고 있다. 또 독점적 지위를 가진 플랫폼이니만큼 유튜브가 대내외적으로 강화하는 규제들로 크리에이터의 콘텐츠 자유도마저 제한받고 있다. 크리에이터들이 유튜브에 갇힌 국내 시장을 벗어나 새로운 시장과 기회를 찾아야 하는 이유는 충분해 보인다.

새로운 기회를 찾기 위해 해외로 눈을 돌려보면 전 세계에서 미디어 이용 시간이 가장 길고 가장 큰 규모의 모바일 커머스 시장인 중국이 먼저 눈에 들어온다. 중국은 압도적인 플랫폼인 유튜브가 없는데도 전 국민이 영상 콘텐츠에 빠져 있다. 또 우리와 같은 동양 문화권이므로 소화하는 콘텐츠 분야와 특성도 비슷한 편이다. 따라서 국내의 크리에이터들에게 중국은 군침 도는 시장이 아닐 수 없다. 게다가 가장 가까운 곳에, 세계에서 가장 거대한 시장이 있다는데 굳이 멀리 있는 다른 시장을 찾아갈 필요가 있을까?

중국 시장을 공략하려 하면 막상 '기회의 땅'이라는 생각보다 관리와 통제의 장벽이 먼저 느껴진다. 중국은 공산당의 나라, 사회주의 국가가 아닌가. 실제로 중국 정부는 주로 정치적인 이유로 대중에게 영향력을 미치는 매개체인 콘텐츠를 검열하는 데 꽤 많이 신경 쓰며, 자국 내에서 인터넷 내용을 통제할 법적 권리가 있으며, 그들의 검열 규정이 국민들의 언론의 자유를 제한하지 않는다고 주장한다. 즉, 중국 정부는 음란하고 공공 도덕에 해로운 내용에 대한 검열만을 강화해 국가와 국민의 안정을 꾀하는 것이라고 설명한다.

사실 이러한 상황은 시진핑 주석의 공산당 중앙위원회 총서기 시절, 정보통신기술information and communications technology·ICT을 개선하고 개선된 기술을 중앙위원회 의제를 더욱 촉진하는 수단과 선전에 활용하자는 큰 계획에서 비롯된 것이다. 결과는 성공적이었고, 2021년 말까지 10억 명이 넘는 중국 국민이 인터넷에 접속했다. 그러나 이러한 기술적 접근성의 향상과 함께, 소셜미디어를 통해 중국 내부의 사건과 정부 이슈들에 대한 효율적 의사소통도 함께 이뤄졌다. 결과적으로 정부 정책과 사회 문제에 대해 중국 네티즌들이 더 자유롭게 토론할 환경이 만들어졌다. 이제 정부는 스스로 만든 결과에 대항하기 위한 규칙과 예방 조치들을 시행해야 하는 아이러니에 빠지게 된 것이다.

중국의 인터넷 검열은 점점 더 심화됐고, 검열 범위는 자국뿐 아니라 중국과 세계 사이로 확대되어, 글로벌 사이트 및 콘텐츠를 차단하는 시스템인 중국의 대방화벽인 만리방화벽Great Firewall of China의 강화를 초래했다. 이렇게 해외 웹사이트를 차단하자, 중국의 온라인 콘텐츠 플랫폼 및 이커머스e-commerce 서비스에 대한 중국 본토 사용자들의 의존도가 높아졌고, 세계 최대 인터넷 기업으로 부상한 바이두Baidu·百度, 알리바바Alibaba·阿里巴巴, 텐센트Tencent·腾讯* 같은 중국의 기업들이 혜택을 보게 된 것이다. 이처럼 성공한 중국 기업들의 거대 자본은 중국의 각종 산업에 침투해 성장의 밑거름이 되었고, 온라인 콘텐츠 플랫폼 시장도 그중 하나에 속하게 된 것이다.

그런데 이때 한 가지 궁금증이 생긴다. 우리도 만리방화벽을 넘을 수만 있다면 중국 시장에서 성공할 기회를 잡을 수 있는 것 아닐까?

중국의 자국 산업 보호에 유튜브도 막혔다

중국은 여타 산업들과 마찬가지로 ICT 산업에서도 폐쇄적 정

---

* 중국의 3대 IT 업체인 세 기업의 머리글자를 따서 'BAT'라고 부른다.

책을 활용해 자국의 산업을 보호해 왔다. 미국 국제무역위원회 International Trade Commission·ITC에 의하면 2022년 1월 기준 전 세계 1,000개 주요 웹사이트와 소셜미디어 중 170여 개가 중국에서는 차단돼 이용할 수 없다. 차단된 ICT 서비스에는 유튜브, 페이스북, 왓츠앱, 트위터 등 주요 소셜미디어 플랫폼과 구글 등 검색엔진, 아마존 등 이커머스 사이트도 포함돼 있다. 페이스북과 트위터는 중국에서 2009년부터 차단됐고, 아마존 클라우드 서비스는 외국 기업은 클라우드 시설을 운영할 수 없다는 중국 법에 따라 2017년 일부 자산을 매각했다. 구글은 2006년 1월 중국에서 서비스를 시작했으나 중국 당국의 검색 결과 검열을 거부했고, 결국 2010년에 철수했다. 따라서 2006년 구글에 인수된 유튜브도 자연스럽게 중국 시장으로의 진출은 꿈도 꾸지 못했다. 구글은 2018년 인권, 민주주의, 종교, 평화적 시위에 관한 정보를 차단하고 검열된 버전의 검색엔진을 중국에서 출시하려고 추진했으나 이것마저 무산됐다.

한국의 대표적인 포털사이트인 다음도 현재 중국 내 인터넷 환경에서는 서비스되지 않는다. 2019년 1월부터 서비스가 제한됐는데, 당시에는 다음에 이어 네이버 사이트도 열리지 않았다. 현재 네이버 뉴스 서비스는 정상화됐지만, 네이버 카페와 블로그는 여전히 서비스되지 않고 있다. 반면 한국에서는 중국 인터넷 서비스인 바이두, 타오바오淘宝, 웨이보微博 등을 자유롭게 이용할 수 있다. 중국에서 카카오톡은 사용할 수 없지만, 한국 내에서 중국의 서비스 위챗Wechat·微信은 사용하는 데 어떠한 제한도 없다. 따라서 중국에 있는 외국인에게 여권만큼이나 삶의 기반이 되는 서비스 인프라가 바로 VPNVirtual Private Network이다. VPN은 가상 사설 통신망으로, 공중 네트워크를 통해 외부인에게 내용을 드러내지 않고 통신할 수 있는 서비스를 뜻한다. 즉, 중국 내에서 만리방화벽을 통과하여 해외 서비스를 사용할 수 있는 환경을 만들어 준다. 중국에서 생활하면서 몇 개의 VPN 서비스를 동시에 사용하는 건 자연스러운 일이다. VPN을 이용하지 않으면 카카오톡은 물론, 구글의 지메일이나 네이버 블로그, 심지어 유튜브조차 볼 수 없

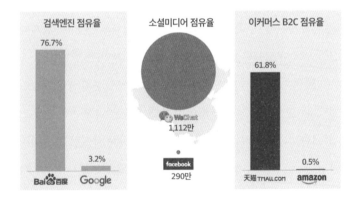

[그림 2.1] 중국 및 글로벌 대표 검색엔진, 소셜미디어, 이커머스의 중국 시장 내 점유율. (출처: 스타티스타, 2019.)

기 때문이다. 따라서 안정적인 VPN 서비스에 대한 수요는 높지만, 서비스 자체가 합법이 아니므로 속도도 느리고 불안정하며 심지어 어느 날 갑자기 사용 자체가 차단될 수도 있다.

경제 질서와 안보 등 전 세계의 주요 이슈를 이끌어 가는 가장 영향력 있는 두 나라인 미국과 중국은 이 문제에 대해서 서로 전혀 물러설 생각이 없다. 2021년 미국 마이크로소프트의 소셜미디어인 링크드인Linkedin이 중국 정부의 인터넷 통제 강화 분위기 속에 중국 내 서비스를 완전히 종료했다. 중국 안에서 트위터와 페이스북 등의 미국 서비스의 이용이 막힌 가운데 미국 기업이 중국에서 운영해 온 주요 소셜미디어는 링크드인뿐이었는데, 이마저도 중국 당국의 규제 등에 밀려 최종적으로 중국 시장을 떠나게 된 것이다. 링크드인은 2014년 중국어 간체자 서비스를 시작했고 2016년 마이크로소프트에 인수됐으며, 중국 본토의 링크드인 회원은 5,000만 명 이상으로 미국과 인도에 이어 세 번째로 많았다. 마이크로소프트는 수년간 콘텐츠 규제 등 중국 정부의 요구를 수용하려고 노력해 왔지만 결국 서비스를 종료하기로 결정했다. 중국의 규제 강화뿐 아니라 규제 준수에 대한 미국 의회의 비판여론이 높아지면서, 양국 사이에서 진퇴양난이었던 기업은 어쩔 수 없이 서비스 종료를 선택할 수밖에 없던 것이다.

한편 미국도 중국이 미국의 서비스를 차단하는 상황에

대해 본격적으로 대응하고 있는데, 정보보안을 이유로 미국 내에서 서비스되는 중국 앱들도 꾸준히 견제하고 있다. 특히 2020년 8월 미국의 전 대통령이었던 트럼프는 위치 정보, 통화기록, 암호, 사진, 음성녹음 등 광범위한 정보를 수집한다는 이유로 미국 내 틱톡과 위챗 사용을 금지하는 행정명령을 내렸다. 이는 2021년 6월 바이든 대통령에 의해 폐지됐지만 새 행정명령에서도 자국 안보에 영향을 미칠 수 있는 중국 앱에 대해서는 정밀조사를 지시한 것으로 알려졌다. 이처럼 세계 시장을 이끌어 가는 두 나라의 힘겨루기가 약해질 기미는 전혀 보이지 않고 있다.

특히 중국은 만리방화벽의 강화가 자국의 이익을 보호하는 것과 맞물려 있어 더 강경하게 대응하는 것으로 보인다. 다른 나라에서는 당연히 이용 가능한 인터넷 서비스들이지만 중국 시장에서 사라지고 만 이들의 자리를 대체하는 자들은 중국 기업들이다. 중국 시장에서 해외 기업들이 어려움을 겪는 동안, 중국 기업들은 경쟁력을 키우고 국가의 다양한 지원 아래 무섭게 성장했다. 문화콘텐츠 산업도 예외는 아니었다. 사실 중국 산업 대부분이 정부의 통제를 받지만, 그 가운데서도 문화콘텐츠 산업은 통제와 제한의 강도가 좀 더 센 편이다. 이는 중국이 지키고자 하는 이념과도 관련이 있다. 중국은 예전부터 자본주의와 자유 민주주의를 채택한 국가들의 이데

올로기가 유입되는 것을 차단하고자 본토에서 해외 콘텐츠 상영을 통제하고 있다. 그래서 유튜브와 넷플릭스를 더욱 철저하게 막고 있으며, 중국이 서비스하는 로컬 온라인 콘텐츠 플랫폼 내에서도 해외에서 제작된 콘텐츠는 극히 소수의 콘텐츠만 상영하고 있다. 물론 앞서 말한 것처럼 콘텐츠 산업에서의 폐쇄정책을 통해 해외 기업이 중국에 진입하는 것을 막으면서도 자국 기업의 경쟁력이 생겼을 때 서서히 시장을 개방하는 전략을 준비하는 것으로 추측해 볼 수도 있을 것이다.

이쯤 되면 이렇게 불평등하고 폐쇄적인 중국 시장에 꼭 진출해야 하나 하는 의문을 가지는 사람들이 생길 것이다. 또 한편으로는 중국 시장에 진출해야 한다고 주장하는 사람들의 이유가 궁금해질 수도 있겠다. 사실 중국 시장의 대부분 산업은 웬만한 기업이라면 어떤 상황에서도 쉽게 포기하기 힘들 정도로 규모가 크다. 특히 우리나라처럼 내수시장이 매우 작은 나라와 비교하면 더더욱 그렇다. 한국의 무역 산업에서 중국 시장이 차지하는 비중은 2021년 기준 24.6퍼센트로 전체 산업의 4분의 1에 해당한다. 2021년에는 중국의 소비재 시장이 전년 대비 12.5퍼센트 성장하며 팬데믹 위기를 극복하는 모습을 보였는데, 중국 소비재 시장이 성장하면서 우리나라의 대중국 소비재 수출액도 역대 최대 금액인 88.1억 달러(10.6조 원)를 달성했다. 이는 우리나라의 중국 시장 의존도가 매우 높음을 의미하기도 한다. 비단 소비재 시장뿐만이 아니라 그 어떤 산업에서도 중국 시장의 규모를 무시하기는 쉽지 않다. 이처럼 충분한 규모의 내수시장이야말로 중국이 자신 있게 폐쇄정책을 펼치는 이유다.

그나마 ICT 산업을 제외한 다른 산업군에서는 기본적으로 외국자본 유치와 대외적 개방 정책의 기조가 강하게 반영되고 있는 모습이다. 특히 2021년부터 중국 정부는 고품질과 성장을 기조로 삼아 14차 5개년 개발계획을 시행하며, 외국인 투자환경 개선을 통해 외국자본을 적극적으로 유치하겠다고 발표한 바 있다. 산업고도화, 자립형 공급망 구축, 경제체질 개선, 녹색성장 등 경제발전 수요에 맞춰 핵심 기술·부품·소재, 첨단 제조업, 현대 서비스업, 친환경 산업에 대한 외국자본 유

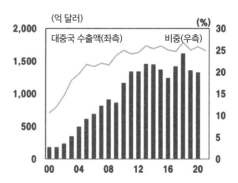

[그림 2.2] 대중국 의존도가 높은 한국 시장의 현황. (출처: 관세청, 2021.)

치도 강화하겠다는 의도다. 이러한 변화는 중국의 '외국인 투자 네거티브 리스트' 제도에서도 확인할 수 있다. '외국인 투자 네거티브 리스트'는 리스트에 명시된 외국인 투자 제한 및 금지 분야를 제외하고는 모든 산업을 개방한다는 내용을 담고 있다. 중국 정부의 대외개방 확대 조치가 지속적으로 시행되면서 이 조치의 일환으로 2017년도에는 63개 항목이었던 '외국인 투자 네거티브 리스트'가 2021년 기준 31개의 항목으로 축소된 것이다. 중국은 이처럼 장기적 발전을 목표로 외국인 투자법을 개정하고, 네거티브 리스트를 계속해 축소하며 잠재적 투자자들을 대상으로 '주진중국走进中国', 즉 중국에 진출하라는 메시지를 던지고 있다. 중국의 이러한 투자환경 변화와 투자유치 전략이 그동안 폐쇄 기조를 유지해 왔던 ICT 산업에 어떠한 영향을 주는지도 주목해서 볼 필요가 있을 듯하다.

이렇게 큰 시장을
놓칠 수는 없지

중국에서 이동통신 기술의 세대교체는 항상 시대의 한 획을 긋는 도약으로 여겨져 왔다. 간단한 SMS 텍스트에 이미지가 더해졌고, 장편 영상을 다운받아 보던 형태에서 단편 영상을 스트리밍하는 형태로 변화했다. 이러한 기술혁신으로 새로운 방향과 내용의 온라인 콘텐츠가 등장했고, 이는 시대에 충분한 영향력을 행사할 만한 온라인 서비스와 상품의 등장을 촉진시켰다. 2G시대의 포털사이트, 3G시대에 등장한 웨이보와 바이두로 대표되는 검색엔진, 4G시대의 웨이신, 3대 OTT 플랫폼으로 대변되는 장편 영상 플랫폼들은 다양한 시대를 질주하는 '주연'이 됐다. 2019년 6월 6일 중화인민공화국 공신부*는 정식으로 3대 운영사와 중국 국가신문출판광전총국에 5G 상용 허가를 인가했고, 이는 2019년이 정식으로 5G 상용화 시대에 진입하는 원년이 됐음을 의미한다.

　모든 것이 연결되는 5G 시대에, 빅데이터와 네트워크 기반의 인터넷 생태계는 사용자들을 새로운 경험으로 인도한다. 텍스트, 이미지, 장편 영상 등 각 레이스의 선두 자리를 지키는 플랫폼이 여전히 건재한 상황에서, 단편 영상, 라이브 등 풍부하고 다양한 형태의 콘텐츠가 나타나 새로운 선수들을 배출했고, 이전과는 전혀 다른 새로운 트래픽 세상을 구축하려는 움직임이 한창이다. 1G에서 5G에 이르는 사이, 인터넷 생태계는 끊임없이 도전을 마주하고 그에 대응하여 변화를 추구하고 있다.

---

*　'공업정보화부'라고 부르기도 한다.

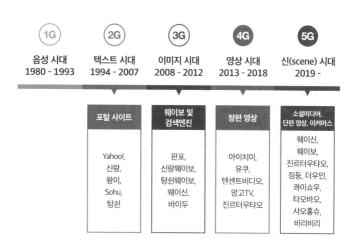

[그림 2.3] 기술혁신과 함께 변화해 온 중국 온라인 콘텐츠 플랫폼. (출처: CBN Data, 2022.)

2021년 12월 기준 중국의 인터넷 사용자는 10.32억 명이며, 이 중 모바일 사용자는 99.7퍼센트에 달한다. 온라인 영상 시청자는 9.75억 명으로 중국 인터넷 사용자의 94.5퍼센트를 차지했다. 중국 온라인 시청 프로그램 서비스 협회가 발표한 「2021 중국 온라인 시청 발전 연구 보고」에 따르면, 온라인 영상 시장 규모는 6,009억 위안으로 전년 대비 32.3퍼센트나 증가했다. 그중 단편 영상의 시장 규모는 2,051.3억 위안으로 57.5퍼센트 증가, 종합 동영상(웹 드라마, 예능, 영화 등 포함) 시장 규모는 1,190.3억 위안으로 16.3퍼센트 증가, 온라인 라이브(쇼, 스포츠, 콘서트, 게임, 이커머스 등 포함) 영역의 시장 규모는

1,134.4억 위안으로 34.5퍼센트 증가했다. 5G 전면 보급, 영상 전송기술의 발달로 인해 온라인 영상 유통 속도가 빨라졌으며 이와 더불어 장기간 지속된 팬데믹으로 사용자들의 영상물 재생시간도 꾸준히 늘어났다. 영상물 재생시간은 2021년 1월 691.8억 시간으로 전년 동기 대비 104.4억 시간이 늘어났는데, 1인 일평균 재생시간으로 환산하면 125분으로, 한국의 1인 일평균 재생시간의 두 배에 달한다. 또 유료 사용자가 점차 늘어나는 가운데 사용자의 45퍼센트가 6개월 내 영상 콘텐츠를 결제한 경험이 있으며, 월정액 방식을 가장 많이 이용했다.

2020년 중국의 라이브커머스 시장 규모는 1.2조 위안 (228조 원)에 달한다. 향후 3년간 연평균 58.3퍼센트의 수준으로 성장할 것으로 보이며, 따라서 2023년 중국의 라이브커머스 시장 규모는 4.92조 위안(934.8조 원)을 넘어설 전망이다.

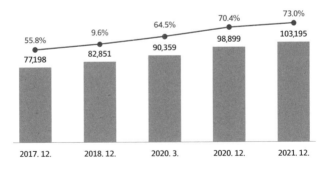

[그림 2.4] 중국 내 인터넷 사용자 규모 및 보급률. (출처: 중국 인터넷정보센터, 2022.)

중국의 라이브방송 사용자 규모는 2020년 말 기준으로 6억 1,700만 명이며 전체 인터넷 사용자의 62.4퍼센트를 차지한다. 이 중 라이브커머스 사용자 규모는 3억 8,800만 명에 달하는데, 실제로 제품이나 서비스를 구매하는 사용자 비중은 66.2퍼센트로, 라이브방송 시청 후 사용자의 3분의 2가 제품을 구매한 것이다. 이처럼 라이브커머스를 구심점으로 하는 라이브방송은 사용자들의 플랫폼 사용시간을 연장시키고 구매율을 높이는 보편적인 방식이 되었다. 특히 재빠르게 공급망에 침투하고 정교하게 플랫폼을 운영하는 방식은, 새롭게 등장한 라이브커머스 생태계가 예상보다 더 빠르게 성장한 동력이었다. 이는 2020년 라이브커머스 서비스업체와 종사자의 급성장에서도 나타나는데, 중국 기업정보 플랫폼인 치차차企查查가 발표한 자료에 따르면 중국에서 2020년에 라이브커머스와 관련해 새로 등록된 업체는 6,939곳, 누적 등록 업체는 8,862곳으로 2019년 대비 360.8퍼센트가 급증했다. 라이브커머스 업계에 종사하는 크리에이터도 꾸준히 늘어나 2020년 말 업계에 종사하는 크리에이터 수는 이미 123만 4,000명에 달하며, 2020년 타오바오 플랫폼에서 연간 매출 1억 위안(190억 원)을 넘긴 라이브커머스 채널은 1,000개가 넘는다.

현재 중국은 전 세계 3분의 1에 해당하는 인터넷 사용자 규모를 바탕으로, 전 세계에서 온라인 콘텐츠 플랫폼 내 콘텐츠 소비시간이 가장 길고 라이브커머스 산업 규모도 가장 큰 시장이 됐다. 콘텐츠 재생시간이 길수록 플랫폼은 여러 콘텐츠를 필요로 하고, 따라서 콘텐츠를 만들어 내는 크리에이터에게도 더 많은 기회가 주어진다. 즉, 중국 시장은 영상 콘텐츠를 시청할 사용자가 충분하고, 콘텐츠 및 IP의 영향력이 확대된다면 광고마케팅, 라이브커머스 등 여러 채널을 통한 기대 수익도 매우 높은 곳인 만큼, 크리에이터뿐 아니라 브랜드 사

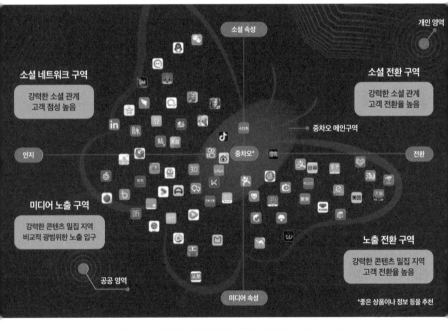

[그림 2.5] 중국의 다양한 온라인 플랫폼들. (출처: 먀오전 시스템스, 2022.)

업자에게도 쉽게 포기할 수 없는 거대하고 매력적인 시장이다.

앞서 유튜브를 '유튜브 코리아'로 한정하면 사용자 수 4,000만 정도의 규모라고 이야기한 바 있다. 가령, 유튜브와 가장 유사한 특성을 가진 중편 영상 플랫폼 시장만 놓고 보아도 중국 시장은 한국의 약 10배가 넘는 사용자 규모를 갖고 있다. 심지어 중편 영상 플랫폼은 장편 영상 플랫폼과 단편 영상 플랫폼에 비해 시장에 늦게 등장한 편인데도, 규모가 꽤 큰 편이다. 게다가 모기업인 바이두와 바이트댄스ByteDance字节跳动가 검색을 통해 영상 트래픽을 몰아주고 있다는 걸 감안하면, 플랫폼별로 최소 3~10배 이상 성장 가능하다는 시나리

[그림 2.6] '유튜브 코리아'와 중국 온라인 콘텐츠 플랫폼의 월간 활성 사용자 수.

오가 나온다. 이는 시간이 지날수록 한국과 중국의 사용자 규모 차이를 더욱 크게 만들 것이 분명하다.

중국 시장에 진출한 크리에이터들은 다양한 영역에서 새로운 기회를 얻을 수 있다. 영상, 소셜미디어, 라이브, 이커머스 등 각 영역에 뿌리를 두고 성장한 중국의 온라인 콘텐츠 플랫폼은 자신들만의 강점을 내세우며 경쟁하고 있는데, 모바일커머스가 발달한 국가인 만큼 기본적으로 이커머스와 연계된 기능은 모두들 다양하게 제공하고 있다. 예를 들어, 유튜브에서는 플랫폼이 일방적으로 배너광고를 타기팅해서 결정한다면, 중국 온라인 콘텐츠 플랫폼에서는 크리에이터가 직접 상품을 선택하여 콘텐츠에 배너광고를 연결할 수 있도록 제공하고 있다. 이는 브랜디드 콘텐츠^{branded content}*의 구매전환율을 높여 크리에이터에게 더 많은 수익의 기회를 만들어 주는 역할을 한다. 이렇듯 거대한 시장 규모, IP와 콘텐츠 특성에 따라 선택할 수 있는 다양한 플랫폼들, 그리고 수익창출에 용이한 환경들을 가진 중국은 분명 크리에이터에게 있어 기회의 땅이 되기엔 충분한 조건을 갖고 있다.

---

* 브랜드 광고와 여러 문화적 요소를 콘텐츠 안에 자연스럽게 녹인 것을 뜻한다. PPL 콘텐츠라고도 한다.

중국에서는
크리에이터가 '갑'이다

단지 시장이 크기 때문에 중국 시장이 더 낫다고 주장하는 건 아니다. 한국 안에서 독점에 가까운 유튜브 플랫폼만을 오매불망 바라보는 것이 상당히 불리한 전략임을 말하고 싶은 것이다. 한국과 달리 다양한 플랫폼이 공존하는 중국 시장에서는 여러 플랫폼 사이에서 크리에이터를 서로 모셔 가려는 경쟁이 치열하다. 콘텐츠를 잘 만들면 플랫폼이 더 좋은 조건을 제시한다. 모든 독과점 시장이 공급자보다 사용자에게 불리함을 우리는 잘 알고 있다. 그러니 유튜브만 고집할 이유가 없다는 말이다. 양자택일할 필요는 없다. 확장이라는 개념으로 해석한다면 되레 접근하기가 쉬워진다. 유튜브를 포기하라는 것이 아니라, 더 많은 플랫폼으로 확장해 나가라는 이야기다.

　　실제로 중국 온라인 콘텐츠 플랫폼들은 경쟁력 있는 크리에이터들을 영입하기 위해 상당한 공을 들인다. 플랫폼별로 크리에이터들을 위한 정책을 꾸준히 내놓으며 크리에이터들이 플랫폼에서 활동할 때 얻을 수 있는 혜택과 편의기능들로 그들을 유인한다. 플랫폼들은 독점적으로 콘텐츠를 제공하는 크리에이터들에게 더 많은 혜택을 주겠다고 외치고 있지만,

우리나라와 다르게 플랫폼이 다양하고 플랫폼별 사용자 규모가 충분한 상황이기에 크리에이터들은 특정 플랫폼에 독점적으로 콘텐츠를 공급하는 데 그다지 관심이 없다. 오히려 플랫폼별로 다양한 시도를 하는 것이 본인의 콘텐츠와 맞는 사용자층을 찾는 데 더 유리하기 때문이다. 실제로 중국 크리에이터들은 평균 3개 이상의 플랫폼에서 채널을 운영하고 있고, 10개 이상 플랫폼에서 활동하는 크리에이터들도 쉽게 찾아볼 수 있다. 중국의 온라인 콘텐츠 플랫폼들은 몇억 단위의 사용자 수 증가 추세를 보이고 있다. 플랫폼의 사용자 규모가 급증한다는 것은 그만큼 필요한 콘텐츠 수도 급격히 늘어난다

[그림 2.7] 중국 온라인 콘텐츠 플랫폼 크리에이터 모집 포스터들. 왼쪽부터 더우인, 콰이쇼우, 비리비리 순이다.

는 이야기다. 사용자들은 끊임없이 새로운 콘텐츠에 목말라 하기 때문이다. 따라서 중국의 여러 플랫폼들이 충분히 많은 콘텐츠를 공급하기 위해 크리에이터 친화적인 환경과 정책을 조성하고 이들을 유인하기 위해 노력하는 것은 당연하다. 크리에이터에게 이보다 더 유리한 시장은 없다.

　　플랫폼이 아니라 도시가 직접 크리에이터들을 영입하는 경우도 있다. 중국에서 도시가 직접 영입하는 특수인재란 시가 공식적으로 '후커우戸口(호적)'를 부여하는 사람으로, 보통 박사급 지식인이나 국가를 대표하는 예술가, 전문가, 기술자 등이 영입 대상이다. 그 예로, 상하이시 충밍구 정부가 발표한 2020년 1차 특수인재 영입 공시명단에는 리자치李佳琦가 1위 자리에 이름을 올렸다. 중국 온라인 콘텐츠 플랫폼에서 총합 8,000만 규모 팔로워를 가진 리자치는 2018년 광군제* 당일에 5분 만에 립스틱 1만 5,000개를 판매하며 '립스틱 오빠'라는 별명을 갖게 된 중국 최고의 인플루언서로, 2021년 광군제에는 12시간 만에 2조 2,000억 위안의 매출을 달성하며 중국 역대 기록을 깬 바 있다. 이처럼 지역 경제를 활성화하는 데 라이브커머스가 주요 매개체로 자리매김하자, 상하이시에서는 하늘의 별 따기보다 어렵다는 상하이 후커우까지 제공하면서

*　　11월 11일을 뜻하는 단어로, 중국 최대 온라인 쇼핑 행사일이기도 하다.

크리에이터를 모셔 가고 있는 실정인 것이다.

공급자 간 경쟁은 결과적으로 사용자들에게 더 나은 환경을 제공한다. 여러 플랫폼이 경쟁하는 중국 시장에서는 플랫폼이 크리에이터를 선택하는 것이 아니라 크리에이터가 플랫폼을 선택할 수 있다. 그러니 플랫폼이 내놓는 정책들이 크리에이터 친화적인 것은, 선택을 받아야 하는 플랫폼 입장에서는 어쩌면 당연한 상황이다. 1장에서 언급했던 독점 플랫폼 유튜브의 친플랫폼 정책을 떠올려 보면 차이점을 보다 선명하게 이해할 수 있을 것이다. 그 밖에도 여러 플랫폼이 공존하는 시장에서는 플랫폼별로 서로 다른 사용자 군이 만들어지고, 사용자 특성에 따라 선호하는 콘텐츠가 달라진다. 따라서 크리에이터들이 플랫폼별 특성을 잘 파악해 각기 다른 특성을 가진 플랫폼에 적합한 채널을 운영한다면, 해당 콘텐츠에 대한 선호도가 높은 사용자들의 트래픽을 확보할 확률도 높아진다. 이것이 곧 콘텐츠당 기대수익의 증가로도 이어지는 것은 당연한 결과다. 다중 플랫폼 운영에 관한 내용은 추후 5장에서 자세히 다루기로 하겠다.

가상인간으로 살아 돌아온
덩리쥔에 열광하는 중국인

중국 장쑤TV가 기획한 2022년 신년특집가요제에 우리에게도 상당히 낯익은 가수가 등장했다. 주인공은 1997년도 영화 〈첨밀밀〉의 주제곡을 부른, 가수 덩리쥔^{鄧麗君}이다. TV를 통해 그의 모습을 본 사람들은 술렁였다. 덩리쥔은 이미 1995년에 세상을 떠났기 때문이다.

"안녕하세요. 저는 덩리쥔입니다. 저우선^{周深}이랑 같이 노래할 수 있어서 좋아요. 새해 복 많이 받으세요." 인사말을 끝낸 덩리쥔은 가수 저우선과 함께 노래를 부르기 시작했다. 한 시대를 풍미한 유명 가수가 27년 만에 '살아 돌아온' 순간이었다. 디지털 가상인간으로 TV 화면에 등장한 덩리쥔은 〈샤오청구스^{小城故事}〉, 〈만부런셩루^{漫步人生路}〉, 〈따위^{大漁}〉까지 총 세 곡을 불렀는데, 가요제가 끝난 뒤 〈따위〉는 특히 크게 화제가 됐다. 〈따위〉는 그녀가 세상을 떠난 뒤 만들어진 신곡이었기 때문이다. 중국의 한 가상현실 전문 기업이 머신러닝 기술을 활용한 렌더링* 시스템을 사용해 이 모든 것을 구현한 것이다.

이 외에도 중국 곳곳에서 가상인간이 등장하고 있다.

---

* 컴퓨터 프로그램을 사용해 모델로부터 영상을 만들어 내는 과정이다.

[그림 2.8] 2022년 중국 신년특집가요제에 등장한 가상인간 덩리쥔.

2022 베이징 동계올림픽을 위해 중국의 CCTV는 가상인간 앵커를 고용했다. 베이징 동계올림픽의 수화 전문 앵커로, CCTV가 전 세계 청각장애인을 위해 준비했으며, 중국의 대표적인 인터넷 플랫폼 기업 바이두가 이 가상인간을 제작했다. 중국 최대 부동산개발업체 완커그룹万科集团에서 2021년 최우수 신입 사원으로 뽑힌 추이샤오판崔筱盼도 가상인간이다. 완커그룹에 따르면 추이샤오판은 10개월 동안 재무 부서 관련 업무를 탁월하게 해냈다. 선불 미수금과 연체 문서 확인율은 91.44퍼센트에 달했다. 회사 측에서 수상 사실을 알리기 전까지 직원들은 그 누구도 추이샤오판이 가상인간임을 몰랐다고 한다. 2021년 중국 칭화대학교에 입학한 화즈빙华智冰은 중국 최초의 가상인간 대학생이다. 화즈빙은 학생증과 학교 이메일 계정도 받았다. 일반적인 가상인간과는 달리 중국 초대형 AI(인공지능) 모델로 구현된 화즈빙은 지속적인 학습 능력까지 갖추고 있다.

가상인간을 포함한 버추얼 인플루언서의 경제적 창출 효과가 톡톡히 드러나자, 중국 기업들도 발 빠르게 버추얼 인플루언서 모시기에 나섰다. 이에 직접 가상인간을 만들어 마치 연예인처럼 관리해 주는 곳도 등장했다. 대표적인 곳이 바로 가상인간 '아시阿喜'를 탄생시킨 둥투위저우动图宇宙 다. 2020년 10월 탄생한 아시는 영상 콘텐츠 플랫폼인 더우인 계정에 27만 명의 구독자를 보유하고 있고, 립스틱을 바르는 지극히 평범한 영상 하나로 34만 개의 '좋아요'를 받는다. 유명 패션 잡지 〈보그〉, 테슬라 광고는 물론, 중국의 인기 예능 프로그램에도 출연했다. 아시의 출시가 생각보다 큰 파급력을 보이자, 둥투위저우는 브랜드에 맞춘 가상인간을 제작하는 플랫폼 '뉴단싱扭蛋星'을 선보였고, 이는 IP 디자이너와 브랜드 업체를 연결하는 일종의 'IP 거래 플랫폼'으로 성장했다. 둥투위저

[그림 2.9] 중국 유명 버추얼 인플루언서. 왼쪽부터 링翎, 아시, 리우예시柳夜熙, 마당사사ΜΛΜΛ 순이다.

우에 따르면 뉴단싱은 유명 디자이너와의 컬래버레이션, 직접 제작 등을 통해 수백 건의 IP 거래를 성사시켰다.

중국 IT 전문 매체 량쯔웨이^{量子位}는 「2021년 디지털 가상 인간 심층 산업 보고서」에서 2030년 중국 가상인간 기술 시장 규모가 2,700억 위안(51.3조 원)에 육박할 것이라고 내다봤다. 2021년 10월에는 뉴스, 일기 예보, 교육 프로그램 등을 제작하며 가상인간 앵커 등을 활용하겠다는 국가신문출판광전총국의 지원책도 발표되며 중국은 전방위적으로 가상인간의 혁신과 발전을 장려하는 모습을 보이고 있다.

가상의 땅, 메타버스에도 욕심 내는 중국

메타버스^{metaverse}란 '초월한'이라는 뜻의 메타^{meta}와 '세계'를 뜻하는 유니버스^{universe}를 합성한 3차원 가상현실을 말한다. 한국에서는 현대차가 글로벌 자동차 브랜드 최초로 2021년 9월 메타버스 플랫폼인 로블록스^{Roblox}에 '현대 모빌리티 어드벤처'를 주제로, 5개 테마로 꾸민 가상공간을 마련했다. 이 중 '레이싱 파크'에선 아반떼N을 시승해 볼 수 있다. 현대차는 로블록스뿐 아니라 네이버Z가 운영하는 메타버스 플랫폼인 제

페토에서도 가상 체험 공간을 선보이고 있다. 사용자는 '드라이빙 존'과 '다운타운 존'에서 쏘나타를 이동수단으로 이용할 수 있다. 또 아바타를 통해 쏘나타와 함께 찍은 영상도 만들 수 있다.

네이버Z에 따르면 글로벌 패션, 뷰티, 엔터테인먼트 기업뿐 아니라 국내 대기업에서도 메타버스 플랫폼에서 영토를 넓히고 있는 추세다. 이 기업들은 왜 탈 수 없는 자동차, 만질 수 없는 스마트폰, 향기 없는 커피, 맛볼 수 없는 아이스크림을 마케팅에 활용하려는 것일까? 가장 큰 이유로는 메타버스 플랫폼이 미래의 주 소비층인 MZ세대'의 '놀이터'이기 때문이다. 또 다수의 글로벌 사용자를 확보하고 있어 글로벌 시장을 공략하는 데도 효과적이란 판단이 작용한 것으로 보인다. 한마디로 MZ세대와 글로벌 시장, 두 마리 토끼를 모두 잡을 수 있는 공간이란 의미다.

메타버스는 중국어로는 위안위저우元宇宙, 즉 또 다른 차원의 세계라고 풀이된다. 중국도 메타버스에 대한 관심이 지대하다. 앞서 언급한 가상인간도 궁극적으로는 메타버스를 향해 있다. 이러한 상황 속에서 2022년 바이트댄스가 메타버스를 기

---

* 1980년대 이후 출생한 젊은 층을 뜻한다.

반으로 한 소셜미디어 앱 '파이두이다오派對島'의 시험 서비스를 시작했다. 이 앱에서 사용자는 자신의 아바타를 만든 뒤 다른 사용자와 소통할 수 있다. 현재는 시험 서비스라 초대받은 소수의 사람만 들어가 체험할 수 있다. 업계에서는 바이트댄스가 메타버스 공간을 활용해, 중국 대표 소셜미디어 앱인 웨이신의 아성에 도전할 것이라는 분석도 나온다. 바이트댄스는 2021년 4월, 메타버스 기반 플랫폼이자 로블록스의 경쟁자인 리월드Reworld·重启世界를 만든 기업 마이코드뷰MyCodeView에 1억 위안(190억 원)을 투자한 데 이어 그해 8월에는 중국 가상현실VR 헤드셋 기기 스타트업인 피코Pico를 인수했다.

중국 Z세대에게 큰 인기를 끌고 있는 가상 소셜미디어 서비스인 소울Soul은 미국증권거래위원회에 기업공개IPO 신청서를 제출했다. 이번 상장을 통해 소울은 약 2억 달러(2,400억 원)의 자금을 확보할 계획이며 기업가치는 20억 달러(2.4조 원)에 달할 것으로 예상된다. 2016년 설립된 소울은 소셜 메타버스 서비스를 표방하는데 현실 세계처럼 경제, 데이터, 디지털 물품, 콘텐츠, IP가 유통되며 플랫폼 내에서는 가상화폐 '소울 코인'을 사용한다. 소울은 낯선 사람과의 소셜 서비스이기도 하지만, '소울 메이트'를 찾고 싶어 한다면 시스템 알고리즘을

---

*   파티를 하는 섬이라는 뜻이다.

[그림 2.10] 가상 소셜미디어 서비스인 소울의 소개 이미지.

통해 사용자에게 맞는 친구와 콘텐츠를 추천해 주기도 한다. 이 때문에 중국판 틴더Tinder로 불리기도 한다. 2019년과 2020년, 소울의 매출은 각각 7,070만 위안(약 124억 원)과 4억 9,800만 위안(약 877억 원)으로 1년 사이 604.3퍼센트나 증가했다. 2021년 1분기 매출은 전년 동기 대비 260퍼센트 증가한 2억 3,800만 위안(약 419억 원)이다.

중국의 대표 이동통신 사업자들도 동맹을 맺고 메타버스 신사업 본격화에 나섰다. 중국 3대 이동통신 사업자인 차이나모바일, 차이나텔레콤, 차이나유니콤 등이 속한 중국 이동통신연합회는 2021년 11월 '메타버스 산업위원회' 출범식을 열었다. 이 협회는 중국 최초의 메타버스 산업 협회다. 메타버스 산업의 연구 강화, 기술혁신과 통합 가속화, 메타버스 역량 강화, 기업의 발전 촉진, 메타버스의 대중화, 산업 협력 등을 목표로 한다. 또한 '메타버스 산업 선언'을 발표하면서 사람 중심 원칙, 새로운 기반 시설, 디지털 경제 최적화를 공동으로 추진하기로 결의했다. 그뿐만 아니라 독창성 정신을 고수하고, 지식과 행동을 결합해 메타버스의 올바른 혁신과 발전을 이끌며, 업계 자율을 유지하면서 메타버스 데이터 가치 생태계를 창조하고, 개방적 협력을 통해 메타버스 혁신 발전 공동체를 건설하겠다는 목표를 밝혔다.

가상화폐는 불법, 그러나 NFT는 못 참지!

콘텐츠 산업과 관련이 깊은 NFT* 시장에서도 중국은 가장 매력적인 국가다. 다만 중국 정부는 가상자산을 통한 투기나 자금세탁 방지를 위해 수익을 위해 NFT 상품을 되파는 행위를 금지하고 있다. NFT 상품을 구매할 수는 있지만 되팔아 차익을 얻을 수는 없다. 이런 상황에서도 알리바바의 징탄^{鯨探}, 텐

---

*　블록체인 기술을 활용해 디지털 콘텐츠에 고유한 인식 값을 부여한 것을 말한다. 영상, 그림, 음악 등을 복제 불가능한 콘텐츠로 만들 수 있어 신종 디지털 자산으로 주목받고 있다.

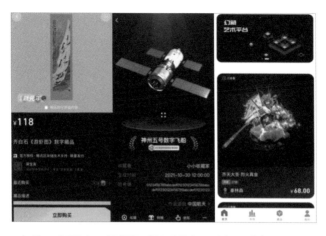

[그림 2.11] 중국의 NFT 플랫폼들. 왼쪽부터 환허幻核, 징탄鯨探, 환창幻藏 순이다.

센트의 환허幻核 등의 NFT 플랫폼에서는 앞다퉈 NFT 상품을 내놓고 있으며, 이들 상품은 시장에 나오자마자 순식간에 팔리고 있다. 당장 이익을 얻지는 못한다 해도 NFT의 잠재적 가능성에 대한 소비자의 관심이 크다는 것을 보여주는 단적인 예다.

알리바바 그룹의 금융 자회사 앤트그룹蚂蚁集团이 개발한 블록체인 플랫폼 징탄은 알리바바의 블록체인 기술인 '마이리엔蚂蚁链'을 기반으로 운영되며, 2021년 여름에는 그림, 음악, 박물관 유물의 3D 모형 등 수십 개의 NFT 상품을 내놓았다. 각 1만 개 한정으로 출시했는데 매 상품이 몇초 만에 팔려나

갔다. 그 외에도 중국 로컬브랜드부터 글로벌브랜드까지, 각종 브랜드의 NFT 상품을 출시해 판매하고 있으며 상품은 전자기기, 식품, 의류 등 다양하다. 2022년 중국동계올림픽위원회는 올림픽 마스코트인 빙와冰娃, 슈에와雪娃를 활용한 NFT 상품을 출시했고, 정부 주도로 중국 시안에 있는 고대유적인 대당불야성과 관련된 NFT 한정판 상품을 출시하기도 했다.

중국 당국은 가상화폐는 불법으로 규정해 거래와 채굴을 엄격하게 단속하고 있으나, NFT에 대해선 아직 명확하게 입장을 밝히지 않고 있다. 이를 반영해 중국 국영 NFT 플랫폼에서는 가상자산에 연결되지 않도록 개조된 블록체인을 사용한다. NFT 구매 등 서비스 이용은 중국 위안화만 허용되며 비트코인과 이더리움 등 가상자산을 통해 NFT 상품을 사고팔 수 없다. 정부가 인터넷 안에서 사용자 신원을 확인하고 불법 상황에 개입할 수 있도록 강제하는 조치다.

그러나 중국 정부는 가상자산에 대한 단속 때문에 중국 산업이 전 세계적인 NFT 열풍에서 뒤처지는 것을 원치는 않고 있다. 따라서 가상자산 규제 정책이 NFT 산업에 피해를 주지 않도록 가상자산과 NFT를 명확하게 구분하고 있다. 글로벌의 NFT 시장은 중고거래가 가능하고 금융 중심으로 성장하고 있다면, 중국은 NFT를 지적재산권 보호 서비스 관점에서 해석하고, 관련한 상표권 등록을 강화하도록 권고하고 있다. 또 중국의 Z세대는 온라인 거래에 친숙한 세대임과 동시에 유행을 따라잡기 위한 소비에 매우 과감한 성향을 갖고 있어, 앞으로 중국 NFT 시장이 성장하는 데 그 중심이 될 것으로 보인다.

중국에도
Z세대가 있다

2021년 중국의 시장조사업체 퀘스트모바일^{QuestMobile}이 발표한 데이터에 따르면, 2020년 11월 기준 1995년 이후에 출생한 중국의 Z세대 인터넷 사용자 규모는 전년 동기 대비 17퍼센트 성장한 3.2억 명에 달한다. 이렇게 방대한 규모를 바탕으로 한 Z세대는 2020년 기준 약 4조 위안(760조 원) 정도의 소비 규모를 자랑하며, 이들의 지출 규모는 중국 내 가정 총지출의 13퍼센트에 해당한다. Z세대의 3분의 1은 성인이 됐고, 40퍼센트 이상은 아직 미성년자이므로 Z세대들은 여전히 정서적, 심리적으로 외부 영향을 받기가 쉽다. 특히 디지털 시대에 태어나고 자란 이들은 인터넷에 익숙해져 있으며, 방대한 정보와 데이터를 능숙하게 처리한다. 따라서 새로운 상품을 선호하며, 이 선호도 역시 빠르게 바뀐다.

Z세대는 콘텐츠 시장의 주 사용자이기도 하다. 2021년 상반기 방영 지수 상위 10개 드라마 중 6개 드라마에서 0세에서 24세까지의 시청 점유율이 전 세대를 포함한 평균 시청률보다 높았다. 각종 플랫폼의 예능 프로그램도 시청자 중 Z세대가 차지하는 비율이 매년 높아지고 있는데, 2021년 1분기 인기 예능 프로그램 시청자의 4분의 3이 Z세대인 걸로 나타났다. 이처럼 예능 프로그램에 대한 Z세대의 수요가 늘어나면서 각 플랫폼에서 Z세대 커뮤니티를 예능 콘텐츠 홍보마케팅 중점 분야로 삼고 있다. 특히, 2020년 12월 4일 아이치이爱奇艺 플랫폼이 제작, 방영한 〈트렌드 파트너2〉는 Z세대들의 열렬한 반응을 불러일으켰다. 이 프로그램은 여러 스타가 각각의 트렌드숍을 운영하면서 브랜드에 대한 자신의 견해를 전달하

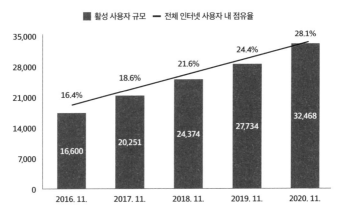

[그림 2.12] 중국 Z세대 규모. (출처: 퀘스트모바일, 2021.)

는 내용인데, 이 프로그램이 큰 인기를 끌면서 특정 브랜드의 신뢰도가 높아졌고 Z세대 소비자를 대상으로 트렌디한 소비 문화가 퍼지기도 했다. 또 생방송이 방영될 때, 웨이신에서는 온라인 및 오프라인 구매를 동시에 지원하며 상품 판매와 시청률을 모두 잡는 일석이조의 효과를 누렸다.

실제로 Z세대는 시청하는 것에서 만족하지 않고 다양한 방식으로 예능 프로그램에 참여하는 다차원적 경험을 추구하는 편이다. 특히 능동적으로 참여할 수 있는 소셜미디어 플랫폼과 단편 영상 플랫폼이 Z세대 콘텐츠 획득의 중요한 통로가 됐다. Z세대는 소셜미디어를 통해 정보를 얻고, 의견을 말하고, 토론에 참여함으로써 여론을 형성하는 중요한 계층이 됐다. 창작의 진입장벽이 낮아지고, 댓글과 자막 문화의 유행으로 서로의 생각을 교류하면서, 소셜미디어는 젊은 세대의 정체성을 만드는 중요한 플랫폼이 된 것이다. 게다가 2020년부터 시작된 팬데믹으로 수많은 Z세대가 온라인, 특히 소셜미디어에서 더욱 많은 시간을 보내게 됐다. Z세대의 앱 선호도 순위를 살펴보면 소셜미디어, 동영상 시청, 온라인 쇼핑, 음악, 단체구매 순으로, 그중 소셜미디어에 대한 선호도는 전체 항목 대비 83.6퍼센트로, 압도적인 비율을 자랑했다.

이렇게 젊은 세대의 정체성과 개성을 반영한 커뮤니티 문화가 급부상하면서 동시에 최근 마니아 문화들도 성장하거나 대중화되고 있다. Z세대는 스포츠 선수들에게 갈채를 보내는 것 외에도 선수들의 성공담과 경기장 밖의 활동에도 주목하며, 선수들을 향해 응원을 보냄과 동시에 선수들에게 자신들의 생각도 전달하고 싶어 한다. 또 이들은 얼츠위안二次元* 문화에도 큰 관심을 보인다. 애니메이션에서 파생된 콘텐츠도 Z세대의 중요한 취미 생활이 되었는데 원작의 세계관에 흥미를 느낀 후 원작의 단점을 보완해 파생 콘텐츠를 제작하고 소비하는 Z세대의 비중이 점점 커지고 있다. 그뿐만 아니라 '지식 커푸科普**', 아트 토이*** 분야 등에서도 Z세대의 영향력은 더욱 커지고 있다. 지식 커뮤니티인 '즈후知乎'의 유저 중 70퍼센트 이상이 Z세대이며, 커푸의 주요 인플루언서인 샤오량小亮이 운영 중인 〈웹상 인기 생물 감정〉 코너는 웨이보에서 영상당 평균 조회 수 400만 회를 기록하고 있다. 교육 수준이 높고 지적 욕구가 큰 Z세대의 니즈를, 유용한 지적 정보를 전달하는 인플루언서가 채워주고 있는 것으로 보인다. 한편 트렌드 선도를 추구하고 체험적 소비를 원하는 Z세대의 특징과 아트 토이 및 스니커즈를 좋아하는 커뮤니티의 특징과 맞아떨어지면서 이들이 아트 토이의 핵심 소비층으로 자리 잡기도 했다.

---

*　　2차원 문화를 일컫는 말로 애니메이션, 코믹, 게임 등을 포함한다.
**　　과학, 지식, 정보 보급을 뜻하는 말이다.
***　　장난감이라는 뜻의 '차오완潮玩'이라고 부르기도 한다.

이렇게 소셜미디어에 기반한 Z세대는 다양한 분야에서 커뮤니티를 개척하고 전파했으며, 이들이 팔로우하는 인플루언서의 영향력이 커뮤니티 성장에 중요한 역할을 하고 있다.

온라인 콘텐츠 플랫폼에서도 Z세대를 주목하고 있다. 특히 2009년 2차원 문화 플랫폼을 기반으로 출범한 비리비리哔哩哔哩는 최근 중국의 Z세대를 중심으로 급격하게 인기를 얻고 있는데, 비주류라고 생각한 2차원 문화를 주류로 만들고 있는 플랫폼으로, 2차원 문화 콘텐츠와 동영상 스트리밍 서비스의 인기를 바탕으로 2016년부터 빠르게 성장하고 있다. 이러한 비리비리의 급성장 배경으로 언급되는 주요 특징으로는 '탄막'이라는 자막 시스템과 독특한 회원등급제 시스템을 들 수 있다. 탄막은 동영상 스트리밍 중에 시청자의 댓글이 영상 위의 자막이 돼 지나가는 시스템을 말하는데 이 탄막 기능이 자신의 의견을 나누는 것을 즐기는 젊은 Z세대의 취향을 제대로 적중한 것으로 평가된다. 중국 언론은 디지털 기술에 익숙하고 스스로 콘텐츠를 생산·운영하는 것을 선호하는 Z세대의 트렌드를 적절히 반영하고 독특한 회원 관리방식을 도입한 것이 Z세대의 취향을 저격했다고 평가한다.

★

3장

중국에는 도대체 얼마나 많은 플랫폼이 있는 거야?

어느 항구를 향해 갈 것인지 생각하지도 않고 노를 젓는다면
바람조차 도와주지 않는다.

—세네카

중국 온라인 콘텐츠 플랫폼 시장은 2005년부터 다양한 영역에서 태동하고 파생된 크고 작은 플랫폼들이 절대적인 강자 없이 군웅할거하고 있는 형국이다. 그 특성에 따라 범주를 나누자면, 넷플릭스처럼 전문가 제작 콘텐츠professional generated content·PGC 콘텐츠를 주로 서비스하는 장편 영상 플랫폼(OTT라고도 한다), 틱톡처럼 모바일 환경에 최적화된 세로형 짧은 영상을 서비스하는 단편 영상 플랫폼, 그리고 유튜브처럼 사용자 창작 콘텐츠user generated content·UGC 중심의 가로형 영상을 서비스하며 플랫폼 광고수익 모델을 가진 중편 영상 플랫폼으로 나눌 수 있다. 물론 영상 콘텐츠 플랫폼 외 소셜미디어, 이

	2004	2005	2006	2009	2010	2011
장편 영상 플랫폼	Letv乐视	土豆	YOUKU		iQIY爱奇艺	腾讯视频
중편 영상 플랫폼				bilibili		
단편 영상 플랫폼						快手
소셜미디어 플랫폼				新浪微博 weibo.com		
음악 플랫폼	酷狗音乐	QQ音乐				

2012	2013	2014	2015	2016	2017	2020
				西瓜视频	好看视频	
				抖音		视频号
	喜马拉雅FM 小红书	虎牙直播 Huya.com 美拍	拼多多			
	网易云音乐					

[그림 3.1] 온라인 콘텐츠 플랫폼 출현 시기에 따른 타임라인.

커머스, 라이브 등을 기반으로 하는 플랫폼에서도 영상 기능을 추가해 새로운 영상 소비 패턴을 만들어 가고 있다. 장편 영상 플랫폼을 기반으로 빠르게 발전하던 시기를 지나, 현재 성숙기에 접어든 시장은 성장의 한계에 다다랐다는 평가를 받기도 했다. 그러나 최근 들어 등장한 단편 영상 형태의 온라인 콘텐츠들은 다시금 업계의 성장을 이끌고 있다. 전통적 모델이었던 전문적인 사용자 창작 콘텐츠professional user generated content·PUGC에서는 콘텐츠 제작자와 사용자의 역할이 서로 겹치지 않았으나, 누구나 쉽게 크리에이터가 될 수 있는 환경이 조성되면서 그 구분이 모호해졌고, 현재는 콘텐츠 창작, 광고 홍보, 마케팅 등 다양한 분야에서 양자의 상호작용이 강화되고 있다.

길이 전쟁 1막:
긴 놈, 짧은 놈, 그리고 어정쩡한 놈

중국 온라인 콘텐츠 플랫폼 시장을 들여다보면 각 플랫폼이 영상의 길이에 주목하고 있음을 알게 된다. 그러므로 중국 시장에서 이야기하는 단편, 중편, 장편 영상 콘텐츠를 먼저 구분하는 것이 각 플랫폼의 차이를 이해하는 데 도움이 된다. 중국에서는 일반적으로 재생시간이 15초에서 1분 사이인 것을 단편 영상 콘텐츠의 영역으로 인식하고 있으나, 상황에 따라 15분 정도 되는 영상도 단편 영상 콘텐츠로 보기도 한다. 사

VS

[그림 3.2] 중편·장편 영상 플랫폼과 단편 영상 플랫폼의 포맷 차이.

실 중국이 과거부터 장편과 단편 영상 플랫폼 위주로 시장을 형성해 왔기 때문에 최근까지도 중편 영상의 재생시간은 명확하게 정해지지 않았다. 현재는 중편 영상 플랫폼 선두주자 중 하나인 시과비디오西瓜视频의 CEO 런리펑任利锋이 2020년 중편 영상을 1분에서 30분 이내로 정의할 것을 주장하면서 중편 영상의 재생시간이 처음 정의됐다. 이후 30분이 넘어가는 영상은 장편 영상으로 분류하고 있다. 이처럼 재생시간에 따라 영상 콘텐츠를 구분하면서 자연스럽게 콘텐츠 특성에 알맞은 영상 포맷도 정해지기 시작했다. 모바일 화면에 맞게끔 제작된 단편 영상은 주로 세로 화면에, TV프로그램에서 진화된 중편 영상 및 장편 영상의 경우는 가로 화면에 좀 더 적합하다.

　　단편 영상 콘텐츠는 엔터테인먼트, 라이프스타일 위주의 내용이 주를 이루며, 간단하고 빠른 리듬을 보유했거나 창의적인 것이 보편적 특징이다. 중편 영상 콘텐츠는 과학 또는 지식의 보급에 주안점을 둔 콘텐츠가 많고, 단편 영상 대비 콘텐츠의 영역이 넓고 방대하며 풍부한 주제를 다루는 편이다. 단편 영상보다 높은 콘텐츠 품질과 전문성, 긴 제작 기간을 특징으로 가진 만큼 콘텐츠가 말하고자 하는 바를 사용자에게 온전히 전달할 수 있다. 장편 영상 콘텐츠에서 가장 흔히 찾아볼 수 있는 것은 예능, 드라마 등이고, 단편 및 중편 영상 콘텐츠에 비해 시나리오 기반의 콘텐츠가 많은 편이다. 따라서 대부분의 장편 영상 콘텐츠는 서사의 흐름이 있고, 내용과 품질에 매우 민감하며, 제작 기간이 더 길고 전문성이 요구된다. 대다수 단편 영상 콘텐츠는 사용자 창작 콘텐츠이므로 제작 시 투입되는 시간과 비용이 낮은 반면, 장편 영상 콘텐츠는 크리에이터가 대부분 전문가이거나 전문 기관으로,

콘텐츠 품질이 높고 제작 시 투입되는 시간과 비용도 훨씬 많다. 중편 영상 콘텐츠는 그 중간 정도다. 따라서 중편 영상 콘텐츠는 일종의 사용자 창작 콘텐츠지만 크리에이터의 전문성은 단편 영상과 대비했을 때 다소 높아, 전문적인 사용자 창작 콘텐츠로 분류하기도 한다.

장편 영상 콘텐츠 분야를 주름잡던 3대 플랫폼 아이치이iQIYI·爱奇艺, 유쿠Youku·优酷, 텐센트비디오腾讯视频가 점차 힘을 잃어가고, 2020년 11월에 알리바바가 망고TV芒果TV의 2대 주주로 등극하면서, 최근 중국 장편 영상 콘텐츠 분야는 점차

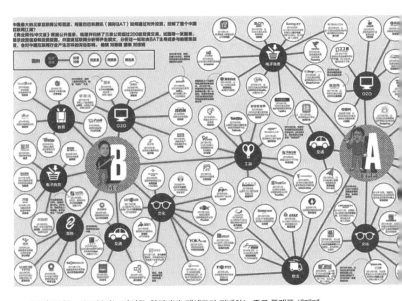

[그림 3.3] 'BAT'로 불리는 바이두, 알리바바, 텐센트가 지배하는 중국 플랫폼 생태계.

아이치이와 텐센트비디오, 유쿠와 망고TV가 대립하는 이원화 체제로 변하고 있다. 텐센트비디오와 아이치이는 IP를 공유하거나 합작 콘텐츠를 만들고, 회원 가입비 인하 문제에서도 한목소리를 내고 있다. 물론 알리바바가 시장에 진입했으므로 대규모의 자본 아래 유쿠와 망고TV가 이들에게 대항할 전략을 보여주겠지만 아직까지는 미비한 상황이다.

이렇게 장편 영상 콘텐츠 시장의 구조가 변화한 까닭은 두 가지 난제 때문이다. 첫째는 콘텐츠 제작비용의 상승이고, 둘째는 회원 수 증가세 둔화 문제다. 기존 3대 플랫폼은 모두

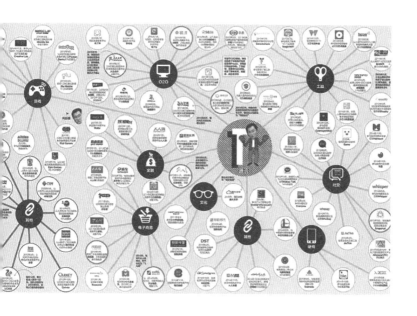

'BAT'의 자금 수혈을 받고 있었으나 지속적인 콘텐츠 경쟁과 수익모델이 부재한 상황 속에서 수년째 막대한 손실을 피하지 못했고, 2022년에도 역시 이윤을 창출할 가능성은 낮은 것이 현실이다. 아이치이 한 곳만 보더라도 2015년부터 2021년까지 손실이 350억 위안(6.65조 원)을 넘는 실정이다. 콘텐츠를 제작하거나 구매하는 비용은 실적을 낮추는 직접적인 원흉이다. 콘텐츠 제작비용과 구매비용이 높아질수록 영상 플랫폼의 이윤을 예측하기란 더 막막해진다. 2015년 아이치이의 콘텐츠 제작비용은 37억 위안(7,030억 원)에 불과했지만, 3년 후에는 211억 위안(4.01조 원)에 달하게 되었다. 텐센트비디오 역시 2019년 상반기에만 콘텐츠에 투자한 자금이 355.47억 위안(6.75조 원)에 달하며 콘텐츠 제작 비용의 압박을 받고 있다. 2021년에는 아이치이, 텐센트비디오, 유쿠, 망고TV 중 망고TV만이 유일하게 이윤을 창출했는데, 그 이유는 배후에 콘텐츠 제작 능력이 탁월한 후난TV^{湖南广电}가 버티고 있었기 때문이다. 인기 예능과 드라마에 대한 독점 방영권과 저렴한 콘텐츠 제작비용은 망고TV가 이윤을 창출한 핵심 요소였다. 따라서 각 플랫폼은 자체적으로 확보한 IP와 콘텐츠를 우호 플랫폼들과 공유하는 전략으로 돌파구를 마련하고자 하는 것이다.

이렇듯 장편 영상 플랫폼 업계가 유료 콘텐츠 플랫폼 주도하의 보합 단계에 접어들면서, 양질의 콘텐츠를 보유하는 것이 향후 업계에서 선택할 핵심 전략으로 떠올랐다. 경쟁의 후반전에서 우수한 콘텐츠는 사용자가 비용을 지급할 첫 번째 동기로서 작용할 것이므로, 콘텐츠의 가치를 확대하고 콘텐츠 운용 효율을 높이며, 구매 및 제작비용을 낮춰 자체 콘텐츠 생태계를 구축하는 것이 각 플랫폼의 필수 불가결한 선택이 된 것이다. 자체제작 콘텐츠는 방영권을 구매하는 것보다 수익성이 좋고 상업적 잠재력이 크므로, 각 플랫폼들은 자체제작 콘텐츠에 대폭 투자하기 시작했다. 자체제작 콘텐츠가 보다 다양해지고 드라마, 종합 예능, 다큐멘터리 등의 양적 확보까지 가능해지면서, 전략적으로 콘텐츠 제작 방향도 전국적 히트작에서 카테고리 혹은 타깃 그룹에 맞춰 세분화된 콘텐츠를 제작하는 방향으로 변모하고 있다. 다양한 사용자 그룹에 맞춰 콘텐츠를 추천하고, 더 풍부한 콘텐츠를 제공함으로써 경쟁사와의 장벽을 형성하고자 하는 것이다. 그 예로, 망고TV는 여성 사용자를 겨냥해 '슬로 예능', '신규 예능'과 같은 생태계 시스템을 구축했고 이는 예능 사용자 사이에서 폭발적 반응을 불러일으켰다. 이러한 환경의 변화는 원작 드라마, 예능 IP 등의 가치를 한층 더 높였고, 각 플랫폼은 투자를 통해 인기 IP를 확보하고 파생 콘텐츠를 본격적으로 제작 중이다. 아울러 산업 체인의 업·다운 스트림과 더욱 긴밀하게 협력함으로써 새로운 과금 채널과 상업 모델을 모색하고 있다.

텐센트비디오는 엔터테인먼트 전반에 걸친 IP 운용 면에서 가시적인 성과를 거뒀다. 중국 1위 전자책 기업인 차이나리딩China Reading·阅文集团과 연동한 드라마를 네트워크문학, 애니메이션, 게임으로 개편하고 판촉으로까지 연동한 것이다. 특히 인터넷 소설을 기반으로 한 드라마〈경여년〉이 크게 성공하면서 이 같은 경로의 잠재력을 시장에서 입증하고 있다.

단편 영상 플랫폼 업계는 사용자 규모 및 시청시간에서 이미 장편 영상 시장을 큰 차이로 뛰어넘은 상황이다. 더우인과 콰이쇼우快手가 대표적 플랫폼이다. 각 플랫폼의 초기 성장전략은 알고리즘 추천을 핵심 기술로 삼고, 사용자 유입과 안정에 주목하는 것이었다. 따라서 초기에는 어떻게 신속하고 지속적으로 사용자 그룹을 플랫폼에 유입시킬 것인지, 사용자의 재생시간을 어떻게 늘릴 것인지에 초점이 맞춰져 있었다. 하지만 시간이 흐르며 더우인, 콰이쇼우의 양강 국면이 명확해지고, 두 플랫폼의 세분화 경쟁이 심화되면서, 현재는 대규모 성장 속도를 소화하려는 듯 숨을 고르며 제2의 성장 동력을 모색 중이다. 특히 플랫폼 간 신규 사용자 유입 경쟁이 심해질수록 사용자의 증가세는 조금씩 둔화하는 모습인데, 이를 극복하기 위해 더우인과 콰이쇼우는 기존의 상업적 수익화 모델을 심화하고 기존 사용자의 가치를 재발굴하는 전략들을 실행하려는 움직임을 보인다.

특히 더우인의 경우는, 모기업인 바이트댄스 산하 온라인 콘텐츠 플랫폼의 트래픽을 하나로 융합하는 작업을 진행 중이다. 또 글로벌 버전인 틱톡의 시장 우위를 바탕으로 중국 내 성장의 병목을 극복하고자 애쓰고 있다. 따라서 틱톡을 통해 유럽, 미국, 동남아, 라틴아메리카 등 핵심 시장을 공략하고, 해외 유명인을 섭외하거나 광고에 비용을 투자해 플랫폼을 현지화하면서 청소년 사용자 외에도 기타 사용자 그룹의 규모를 확대하고 있다. 더우인에게 대응하기 위해 콰이쇼우는 전략적 크리에이터를 육성하고 라이브커머스 기능을 강화하고 있다. 이처럼 콘텐츠 혁신과 상업 모델을 견고히 하는 전략으로 사업의 지속적 성장을 꾀할 것으로 보인다.

바이트댄스 산하 중편 영상 플랫폼 시과비디오 내부 데이터에 따르면, 중국 사용자가 매일 시청하는 중편 영상의 총 시청시간은 이미 단편 영상의 절반을 넘어서, 장편 영상의 두 배에 달한다. 흥미로운 지점은 중편 영상의 경우 중편 영상 플랫폼뿐만 아니라 장편, 단편 영상 플랫폼에서도 새로운 성장을 모색하는 수단으로도 도입하고 있다는 것이다. 매출과 사용자 수 모두 정체된 이중고를 겪고 있는 장편 영상 플랫폼에서는 당연히 어떤 틈도 놓칠 리 없다. 중편 영상은 장편 영상 플랫폼이 영향력을 확대하고 이탈된 사용자를 되찾아 새로운 성장 포인트를 모색할 좋은 수단이다. 장편 영상 콘텐츠를 기반으로, 단막극, 미니 예능 등 시나리오를 바탕으로 한 더 많은 콘텐츠를 개발해 모바일로 사용자가 분산화된 침체된 시장 속에서도 사용자 수요를 충족하고 장편 및 중편 영상이 공존하는 새로운 생태계를 구축하고자 하는 것이다.

특히 아이치이 플랫폼에서는 전문적인 사용자 창작 콘텐츠를 대량으로 획득하려는 전략을 펼치고 있다. 플랫폼이 가진 원작 장편 영상을 2차적으로 창작함으로써 장편 영상 콘텐츠의 전파력을 제고하고 콘텐츠 비용을 낮춰 수익을 확대하려 한다. 한편, 단편 영상 플랫폼들은 중편 영상을 통해 특정 영역에 집중하는 콘텐츠에 주력하면서 계층을 파괴하고, 재생시간 제한을 넓혀보려는 움직임을 보인다. 이를 위해 더 많은 전문제작사를 끌어들여, 기존 사용자 창작 콘텐츠 중심의 시장에 전문화된 콘텐츠를 공급하고 있다. 콰이쇼우는 15초에서 15분 정도 되는 제한된 재생시간에서 벗어나, 단편 드라마 콘텐츠를 위주로 서비스하는 쭈이야追鴨 앱을 출시하기도 했다.

현재 중편 영상 분야를 장악한 플랫폼은 여전히 찾기 어렵다. 독창적인 댓글 자막을 도입하고 커뮤니티 상호성 및 영상 흥미도에서 우세한 비리비리가 눈에 띄지만, 비리비리 역시 상대적 우위를 점했을 뿐 여전히 경쟁자들의 도전이 거세다. 바이트댄스 산하의 시과비디오는 최근 같은 계열의 더우인과 전략적 연합을 통해 시장을 선점하려는 움직임을 보이고, 후발주자이지만 바이두라는 강력한 검색 포털 지지자가 있는 하오칸비디오好看视频도 기회를 엿보고 있는 건 마찬가지다. 게다가 앞서 설명했듯이 중편 영상 분야는 장편, 단편 영상 플랫폼에서도 새로운 먹거리로 여기고, 재생시간의 경계를 스스로 허물면서까지 뛰어들고자 하는 분야다. 이런 분위기 속에서 IP 확보를 강점으로 내세운 장편 영상 플랫폼과 스피드와 창의성을 내세운 단편 영상 플랫폼이 중편 영상 시장에서 격돌하는 모양새를 형성하고 있다. 하지만 실질적으로 중편 영상 콘텐츠 시장이 등장하면서 장·단편 영상에 집중하던 크리에이터들에게 새로운 가능성과 선택지를 제공한 효과도 있다. 선택지가 늘어난다는 것이 결코 나쁜 것만은 아니다. 글로벌 중편 영상 플랫폼 최강자인 유튜브가 없는 중국 시장에서 이 자리를 놓고 벌이는 치열한 전쟁이 이제 막 시작됐다.

온라인 콘텐츠 플랫폼이
커머스를 만나다

온라인 콘텐츠 플랫폼 산업의 수익모델이 한층 다양해지는 추세다. 이커머스, 광고, 스트리밍 등 영상 플랫폼의 여러 수익 모델 가운데 콘텐츠 커머스는 주요 모델로 자리 잡았다. 아이텅유Aitengyou·爱腾优 등 장편 영상 플랫폼이 광고 및 유료 회원제를 도입해도 병목 상태의 매출을 벗어나지 못하는 상황에서, VOD 형태가 아닌 실시간 스트리밍을 활용한 이커머스는 플랫폼의 수익을 다원화하는 핵심 전략이 됐다. 이에 망고TV는 적극적으로 영상 콘텐츠와 이커머스를 연계하여 2021년 말 영상 콘텐츠 커머스 플랫폼인 샤오망小芒 앱을 출시하며 새로운 모델을 구축했다. 비리비리 등 중편 영상 플랫폼에서도 이커머스와 연관된 신사업 다각화를 통해 신규 수익모델을 정착시키고 있다. 하지만 콘텐츠와 이커머스를 연계하는 데 있어서는 단연 더우인, 콰이쇼우 등 단편 영상 플랫폼이 앞서가고 있고, 이들의 알고리즘은 정확하고 효율적으로 분류된 타깃 그룹을 대상으로 구현 중이다. 자체적으로 광고를 방영하거나, 플랫폼을 활용한 이커머스 마케팅이 실제로 구매율을 끌어올리면서, 단편 영상 플랫폼은 콘텐츠 커머스 업계에서 명실상부하게 우위를 선점하게 되었다. 최근 플랫폼끼리 콘텐츠를 공유하는 추세일 뿐 아니라, 핵심 소비계층의 세대가 변화하면서 콘텐츠 커머스 사업은 수직적인 카테고리 방식으로 변모하며 비교적 다양한 기회를 얻을 수 있게 되었다. 따라서 온라인 콘텐츠 플랫폼이 지금보다 더 혁신적이고 대중적인 IP

를 기반으로, 새로운 타깃 그룹의 소비문화를 형성하리라는 점도 자연스레 예측할 수 있다. IP와 브랜드만의 패키지를 결합하거나 IP와 굿즈를 결합하는 것이 그 예시다.

영상 콘텐츠 마케팅은 주로 콘텐츠 업계가 주도하는 혁신 아래, 정밀하게 기획된 영상 콘텐츠를 이용하여 제품의 판매와 브랜드 홍보를 목적으로 삼는다. 영상 콘텐츠 마케팅은 '영상'과 '온라인'의 장점을 함께 지니고 있다. 다양한 형태의 영상 콘텐츠에서 얻을 수 있는 강한 전파력과 온라인 마케팅이 지닌 상호성, 자발성, 효율성, 경제성이라는 장점이 공존하는 것이다. 동시에 끊임없이 다양한 형태의 콘텐츠 마케팅이

[그림 3.4] 각 플랫폼이 운영하는 콘텐츠 커머스. 왼쪽부터 시과비디오, 비리비리, 하오칸비디오, 콰이쇼우 순이다.

등장해 상호 소통하면서, 양질의 콘텐츠는 여러 형태의 마케팅과 연계되고 있다. 가령 새롭고 개성적인 흐름을 좇는 젊은 세대의 심리를 공략한 랜덤 박스, AB드라마* 등 각 브랜드의 콘텐츠 마케팅은 계속해서 변화하는 중이다.

영상 콘텐츠는 강력한 표현력과 파급력이 특징이므로, 브랜드 주력 제품의 타깃과 일치하는 콘텐츠 사용자들을 대상으로 강력한 마케팅 효과를 구현해 낼 수 있다. 그중 양질의 중편 영상 콘텐츠는 비교적 긴 시간 동안 사용자의 주의력과 마음을 사로잡아 마케팅 효과를 구현한다. 짧지만 예리한 단편 영상 콘텐츠는 사용자의 분산된 콘텐츠 소비 욕구를 충족시키며, 더 광범위한 사용자 그룹에 빠르게 도달할 수 있다. 따라서 영상 광고 시장은 안정적으로 성장하고 있으며, 특히 광고주의 투자 예산은 중편 영상, 단편 영상, 스트리밍 등 트래픽이 많은 채널로 향하고 있다.

중국의 라이브커머스는 2014년도부터 본격적으로 유행하기 시작했다. 2016년 중국 최초의 라이브커머스 플랫폼 모구지예蘑菇街에서 생방송으로 제품을 판매하는 것을 시작으로, 이후 중국 최대 쇼핑 플랫폼인 타오바오도 이러한 흐름을

---

* 상호 연동되는 드라마를 뜻한다. 시청자는 두 가지로 나뉜 드라마 전개 중에 하나를 선택해 시청할 수 있으며 선택지에 따라 다른 드라마 결말을 볼 수 있다.

따라 라이브커머스를 도입했으며 웨이야薇娅, 쉐리雪梨 등 유명 인플루언서를 비롯한 타오뉘랑淘女郎*이 인기를 끌기 시작했다. 2021년에도 중국의 라이브커머스 시장은 여전히 활발했다. 다양한 산업군에서 라이브커머스에 비중을 두면서 라이브커머스 시장은 새로운 성장 단계로 진입했다. 특히 2021년도는 브랜드가 자체적으로 방송을 시작한 원년이자, 콘텐츠 플랫폼들이 이커머스 플랫폼의 상점 링크를 삭제하고 자체 상점 링크를 연결해 이커머스를 진행하면서 경쟁이 한층 더 심화된 시기이기도 했다. 더우인, 콰이쇼우가 잇달아 취미형 이커머스, 신용 이커머스 등을 내놓고 여러 브랜드의 입점을 적극적으로 지원하면서, 글로벌브랜드, 클래식브랜드, 신생 로컬브랜드 등 다양한 유형의 브랜드들이 같은 플랫폼에서 경쟁하게 됐으며, 이는 라이브커머스 업계의 발전 속도를 한층 더 가속화했다.

한편 2021년 말 라이브커머스 업계 1위 BJ였던 웨이야의 탈세 사건이 폭로됐다. 업계에 경종을 울린 이 사건으로 라이브커머스 업계 관련 관리규정이 생겼으며, 1위 BJ의 몰락으로 중소 BJ와 여타 브랜드들은 빠르게 성장할 기회를 얻게 됐다.

궈지데이터果集数据에 따르면, 더우인·콰이쇼우의 라이

---

*   타오바오에서 활동하는 유명 여성 인플루언서를 뜻한다.

[그림 3.5] 플랫폼별 라이브커머스. 왼쪽부터 더우인, 콰이쇼우, 샤오홍수 순이다.

브커머스 거래 규모는 꾸준히 증가해 2021년 기준 라이브커머스 시장의 거래액은 1조 위안(190조 원)에 달했다. 또 2021년 한 해 동안 더우인·콰이쇼우의 라이브커머스 방송 횟수는 7,500만 회를 넘어 전년 대비 100퍼센트 증가했고, 라이브커머스에서 판매한 제품의 링크는 3.9억 개를 넘어서면서 전년 대비 308퍼센트가 증가했다. 그 밖에도 점포 수량, 브랜드 수량, 라이브 방송 사용자 인원 등도 2020년 연평균 대비 높은 증가세를 보였다. 2021년에는 제품 단가가 비교적 높은 카테고리에도 라이브커머스가 침투하는 비율이 지속적으로 상승했다. 따라서 고가 제품에 대한 라이브커머스 사용자들의 수용도도 함께 높아져 최근에는 보석, 골동품, 스마트 가구 등 단가가 높은 제품으로까지 라이브커머스 시장이 점차 확대되는 양상이다.

길이 전쟁 2막:
라이선스 강자, 장편 영상의 반격

장편 영상 업계는 콘텐츠 제작 비용으로 인해 계속해 적자를 보는 한편, 동시에 단편 및 중편 영상 플랫폼이 주도하는 신흥 미디어로부터의 끊임없는 공격을 감내해야 했다. 더우인, 콰이쇼우, 비리비리 등은 팬데믹 기간을 기회로 삼아 영화 혹은 심화 콘텐츠 영역으로까지 사업을 확대하며 계속해 장편 영상 플랫폼의 사업 영역을 침투하고 있다. 이로써 견고하게 유지해왔던 사용자의 재생시간을 두고도 쟁탈전을 벌이게 됐으며, 결국 장편 영상은 점유율을 내어주는 피해자 역할만이 유일한 선택지가 됐다. 비록 단편, 중편, 장편 영상이 충족시킬 수 있는 엔터테인먼트 수요가 완전히 같지는 않다고 하더라도, 장편 영상의 시청시간 비중이 줄어드는 것은 피할 수 없었다.

2021년 6월 3일, 오랜 기간 조용했던 유쿠 CEO 판루위안樊路远은 제9회 중국 온라인 영상 대회에서 이례적으로 단싱 아래 있던 아이치이 창업자이자 CEO인 공위龚宇와 텐센트비디오 CEO 순중화이孙忠怀에게 사인을 보냈다. 2년간 유쿠를 경영한 그는 이렇게 탄식했다. "어렵다. 장편 영상 업계는 너무 힘든 상황이다. 우리 3개사(유쿠, 아이치이, 텐센트비디오)는 언제쯤 수익을 낼 수 있을까? 지금의 생존 환경에서 수익만 바라보고 기다리는 건 미련한 망상에 지나지 않는다." 그의 발언은 많은 이들의 심금을 울렸던 것 같다. 뒤이어 단상에 올라온 공위와 순중화이는 연이어 놀라운 발언을 쏟아냈다. 공위는 라이선스 없는 2차 창작물 영상은 "복제본"이라고 했고, 순중화이는 "낮은 품질의 단편 영상은 돼지 사료"라고 말했다. 역시 적의 적은 친구인 것일까? 더우인, 콰이쇼우, 비리비리의 끝없는 압박 속에서 장편 영상 업계의 3대 플랫폼은 이런 방식으로 운명 공동체를 결성했다. 이날 오후, 바이트댄스는 웨이신 공식 계정으로 텐센트 임원의 '돼지 사료' 발언은 극도로 오만한 망언이라는 내용의 글을 올리기도 했다.

이렇게 한때 넷플릭스의 빈자리를 두고 경쟁했던 3대 플랫폼은 단 몇 년 사이에 '난형난제'로 전락해 버렸다. 과거에는 상호 공방을 펼치던 장편 영상 플랫폼이 이제 하나가 되어 적에게 맞서야 할 운명에 처했으니 얼마나 놀라운 일인가? 텍스트에서 영상으로 전환되는 거대한 역사의 흐름 속에서 각 제후의 경쟁이 치열해짐에 따라 업계의 판도도 급변하고 있으니 말문이 막히지 않을 수 없다.

그러나 부정할 수 없는 사실이 하나 있다. 장편 영상 플랫폼이 보유한 라이선스 콘텐츠에 대한 '2차 창작물'이 분명히 단편 영상 플랫폼에 존재하며, 편집으로 만들어진 단편 영상의 출처 자체가 모호해지는 상황도 부지기수라는 점이다. 장편 영상 업계가 가장 목소리를 높이는 부분은, 장편 영상을 쪼개어 유통하는 방식의 단편 영상 콘텐츠가 장편 영상 업계의 이익을 심각하게 침해하고 있다는 것이다. 아울러 이들은 장편 영상 콘텐츠를 이렇게 쪼개어 유포한 영상들은 원 영상 작품의 저작권을 침해할 뿐 아니라, 본래 작품의 예술적 가치를 떨어뜨린다고 주장하고 있다. 이는 전문 창작자의 창작 열정을 잃게 하고 정상적인 시장 질서를 교란하는 행위로, 업계의 장기적 발전에 부정적 영향을 끼친다는 것이다. 사실 판루위안의 발언 이전부터 단편 영상 플랫폼에 대항하려는 장편 영상 플랫폼의 '라이선스 수호전'은 시한폭탄의 초시계처럼 이미 가동되고 있었다. 이미 2021년 4월 23일, 5개 영상 플랫폼, 54개 영상 제작사, 17개 영상 관련 협회 및 514명의 업계 종사자는 공동으로 성명을 발표하고, 단편 영상 플랫폼에서 콘텐츠 라이선스를 규정대로 관리할 것과 라이선스가 없는 콘텐츠를 삭제할 것을 촉구했다.

그리고 2021년 12월 15일, 온라인 단편 영상 콘텐츠 심사 표준 규칙이 발표됐다. 여기에는 '라이선스를 취득하지 아니한 영화, 드라마, 인터넷 드라마 등 각종 시청각 프로그램이나 방송 회차에 대한 자체 편집, 개편'에 관한 규정이 수록되어 적 잖은 관심을 받았다. 결국 이 심의 표준 규정이 발표되면서, 단편 영상의 심사에 있어서 전면적으로 심사 기준을 개정해야 하는 상황이 되었고, 각종 문제에 대한 해결책이 만들어졌다. 단편 영상이 장편 영상 사용자의 사용시간을 맹렬하게 점령 하려는 상황 속에서, 해당 규정은 장편 영상 플랫폼에게 일면 유리하게 작용하고 있다. 그러나 여전히 장편 영상을 복제하 거나 편집한 단편 영상과 관련된 규정을 명확하게 관리·감독 할 방법에 대해서는 고민이 필요하다.

중국 플랫폼 미니백과사전: 뭐가 필요할지 몰라 다 준비했어

(1) 더우인

(플랫폼 요약)
- 중문명: 抖音
- 영문명: TikTok
- 슬로건: 아름다운 일상을 기록하다

- 구분: 단편 영상 플랫폼
- 출시일: 2016년 9월
- 웹사이트 주소: www.douyin.com
- 월간 활성 사용자 수: 6.85억(2022.1.)
- 소속: 바이트댄스 계열
- 본사 소재지: 베이징

바이트댄스 계열 소속의 더우인은 단편 영상 플랫폼 최강자로 우뚝 섰다. 바이트댄스의 핵심 역량인 개인 맞춤형 콘텐츠 추천 알고리즘이 초기 콘텐츠 배포 효율을 높여준 게 적중했다. 또 더우인이 출시됐을 당시 가장 이슈였던 라이브 영상 플랫폼이었던 메이파이美拍의 인플루언서와 바이트댄스의 연예인 자원을 홍보에 활용하면서 빠르게 팬층을 흡수했던 게 매우 유효한 전략이었던 것으로 보인다.

더우인은 크리에이터와 사용자의 구분이 모호할 정도로 적극적인 인터랙션이 일어나는 구조인데, 이를 통해 참여하는 모두가 각자의 생활을 공유하고 다양한 친구를 사귈 수 있으며, 각종 흥미로운 이야기나 취향을 공유하게 됐다. 특히 더우인은 젊은 세대의 음악 콘텐츠 커뮤니티 성장에 주력했고, 사용자가 공유된 음악을 선택하여 영상 콘텐츠에 적용함으로써 자신만의 작품을 만들 수 있도록 돕고 있다. 이는 다른 플랫폼에서도 적용 가능한 기술이지만, 이에 더해 더우인 사용자는 영상 촬영의 속도, 편집, 특수 효과(반복, 플래시, 슬로 미러) 등 다른 기술을 이용해 간단한 립싱크 스타일이 아닌 더욱 창의적인 영상을 만들 수 있다. 이처럼 젊은 사용자층이 두터운 더우인 플랫폼에서 선호되는 콘텐츠들은 리듬감이 강하고 빠르며, 도시와 패션의 트렌드를 주도하고 있다. 이를 바탕으로 라이브 방송을 통한 이커머스도 활발히 진행되고 있다.

(주요 연혁)

- 2017년 11월 모기업 바이트댄스에서 10억 달러(1.2조 원)에 북미 뮤직 클립 커뮤니티 플랫폼 뮤지컬리^{Musically}를 인수. 더우인과 합병 후 글로벌 버전인 '틱톡' 론칭

- 2018년 7월 브랜드와 크리에이터를 서로 연결해 광고를 제공해 주는 싱투^{xingtu} 서비스 론칭

- 2019년 1월 2019년 CCTV 설맞이 특별 행사 춘절연합만회의 독점 스트리밍 파트너로 공식 지정

- 2020년 3월 팬데믹 상황 속에서 정부가 지정한 초·중등생 온라인 학습 과정을 제공

- 2020년 8월 라이브커머스 3자 플랫폼 링크 완전 차단. 자체 싱투 서비스 통해서만 상품 연계

- 2021년 1월 이커머스 플랫폼인 더우인 페이^{抖音支付} 정식

론칭

- 2021년 8월 2K 초고화질 영상서비스 선언
- 2021년 11월 더우인-텐센트 상호 간 플랫폼 연결 개방

(2) 콰이쇼우

(플랫폼 요약)

· 중문명: 快手

· 영문명: Kuaishou

· 슬로건: 모든 순간을 품어내다

· 구분: 단편 영상 플랫폼

· 출시일: 2011년 3월

· 웹사이트 주소: www.kuaishou.com

· 월간 활성 사용자 수: 4.78억(2022.1.)

· 소속: 텐센트 계열

· 본사 소재지: 베이징

콰이쇼우는 더우인과 함께 단편 영상 업계를 이끌어 가는 대표주자다. 설립 초기에는 GIF 파일 이미지를 제작 및 공유하는 모바일 앱으로 시작했고, 이후 단편 영상 콘텐츠 커뮤

니티로 전환했다. 2015년 스마트폰과 태블릿 PC가 점차 보급되면서 모바일 트래픽 비용이 감소하자 이를 기회로 삼아 2016년 초 라이브 영상 기능을 출시하고 사용자층을 넓혀가며 더우인의 대항마로 성장했다. 더우인이 지향하는 사용자층이 주로 트렌드를 선도하는 인플루언서 중심이라면 콰이쇼우는 평범한 사회인인 사용자층을 지향한다. 주로 3, 4선 이하 도시'에 분포하며 일반적인 중국 사회를 대변하는 모습에 집중한다. 실제로 중국 인구의 7퍼센트만이 1선 도시에 거주하고, 93퍼센트의 인구가 2, 3선 이하 도시에 거주함을 고려했을 때 콰이쇼우의 접근 방식은 꽤 설득력이 있다.

콰이쇼우는 이를 위해 자체 추천 알고리즘의 핵심을 '이해'로 정의했다. 콘텐츠와 인간의 속성에 대한 이해를 바탕으로, 인간과 콘텐츠의 역사적 교류 데이터를 하나의 모델로 삼고 콘텐츠와 사용자 간 일치도를 예측한다는 것이다. 이렇게 콰이쇼우 사용자층의 특성이 반영된 콘텐츠는 느리고 서정적인 화면, 평범한 일상, 농촌 생활, 자연과 인간 등을 주로 다루는데, 최근 젊은 사용자가 점차 유입되면서 더우인에서 볼 수 있던 콘텐츠 특징을 콰이쇼우에서도 찾아볼 수 있게 됐다. 다

---

*　중국은 인구, 경제력, 영향력 등 도시의 종합 경쟁력 또는 지위를 나타내는 도시분류법으로 1~5선 도시를 구분한다.

만 주목할 부분은 앞서 말했듯 평범한 계층의 사람들을 대상으로 저렴하고 질 좋은 물건에 집중한 콰이쇼우의 라이브커머스 매출액이 더우인을 뛰어넘고 있다는 것이다. 여기에서도 규모의 경제가 적용되는 듯하다.

(주요 연혁)

- 2018년 6월 비리비리보다 앞서서 탄막 기능을 제공한 영상 플랫폼 에이시펀Acfun·A站 인수

- 2019년 11월 QQ뮤직QQ音乐, 쿠거우뮤직酷狗音乐, 쿠워뮤직酷我音乐, 위싱WeSing·全民K歌과 협력하며 다양한 뮤지션 발굴 및 대량 음원 확보

- 2020년 5월 JD닷컴京东商城과 전략적 협력한 라이브커머스 실시

- 2020년 11월 이리엔즈푸易联支付 인수 후 간접적 결제 라이선스 취득

- 2021년 2월 홍콩 증권거래소에 상장

- 2021년 5월 CCTV 본사와 라이선스 협력 계약을 공식 체결. 단편 영상 플랫폼 가운데 전 세계에서 최초로 올림픽 중계 라이선스를 취득

- 2021년 9월 NFC 결제 실명인증 방안 정식 서비스 론칭

(3) 웨이신스핀하오

(플랫폼 요약)

· 중문명: 微信视频号

· 영문명: WeChat Channels

· 슬로건: 리얼라이프의 기록

· 구분: 단편 영상 플랫폼

· 출시일: 2020년 1월

· 웹사이트 주소: 웨이신 내부 서비스

· 월간 활성 사용자 수: 웨이신 내부 추정치 5.5억(2022.1.)

· 소속: 텐센트 계열

· 본사 소재지: 선전

웨이신스핀하오는 텐센트 계열인 웨이신 내부에서 서비스를 제공하는 단편 영상 플랫폼이다. 월간 활성 사용자 수가 12억 명에 이르는 중국 대표 소셜미디어인 웨이신을 배경으로 더우인, 콰이쇼우 양대 단편 영상 플랫폼에게 과감히 도전장을 내민 모습이다. 웨이신은 이미 '모멘트'라는 개인 공간을 통해 텍스트, 이미지, 영상을 공유하는 게 가능했는데, 웨이신스핀하오를 통해 개방형 서비스를 시도한 것이라 볼 수 있다. 다만 접근방법은 다소 조심스러운 편으로 오직 웨이신 사용자들만 채널을 오픈할 수 있고 1분 미만의 영상과 9장 이내 이미지만 업로드가 가능한 상황이다. 하지만 웨이신이라는 거대 소셜미디어를 기반으로 사용자 수는 빠르게 급증하고 있고, MCN 파트너십, 라이브 활성화, 크리에이터 육성 등 플랫폼 성장에 필요한 다양한 인프라를 차근차근 채워가고 있는 모습이다. 웨이신의 글로벌 버전인 위챗을 통해서 해외 크리에이터를 수급하겠다는 방향성도 하나의 전략이다. 중국인은 곧 웨이신 사용자라고도 생각할 만큼 보편화된 서비스이므로, 웨이신스핀하오가 계획대로 성장한다면 더우인, 콰이쇼우를 능가하는 단편 영상 플랫폼이 될 수 있을 것으로 기대된다.

(주요 연혁)

- 2020년 12월 내부 화폐 웨이신더우微信豆 론칭
- 2022년 1월 유료 라이브 공간 서비스 개시

(4) 비리비리

(플랫폼 요약)

- 중문명: 哔哩哔哩(B站)
- 영문명: bilibili(B Site)

- 슬로건: 비리비리와 한잔
- 구분: 중편 영상 플랫폼
- 출시일: 2009년 6월
- 웹사이트 주소: www.bilibili.com
- 월간 활성 사용자 수: 1.91억(2022.1.)
- 소속: 비리비리 계열
- 본사 소재지: 상하이

비리비리는 중편 영상 플랫폼 경쟁에서 가장 앞서 있다는 평가를 받는다. 설립 초기에는 ACG(애니메이션, 카툰, 게임) 콘텐츠를 창작 및 공유하는 영상 플랫폼이었다. 10여 년간 발전을 거치면서 사용자와 크리에이터는 더 이상 서로의 경계를 두지 않고 끊임없이 양질의 콘텐츠를 생산하는 생태 시스템을 구축했다.

비리비리는 7,000개가 넘는 취미 카테고리를 가지고 다원화 커뮤니티를 지향하는 영상 플랫폼이기도 하다. 콰이쇼우가 인수한 에이시펀이 'A사이트', 비리비리는 'B사이트[B站]'라는 별명으로 불리는데 두 플랫폼 모두 '탄막'이라는 독특한 기능을 제공하고 있다. 탄막은 신기한 동시성을 형성해 사이버 그룹형 시청 분위기를 조성함으로써, 비리비리가 극강의 상호성을 가진 2차 창작물 문화 교류 커뮤니티로 거듭나는

데 일조했고, 비리비리를 일방적 영상 플랫폼에서 감정을 교류하는 상호성 플랫폼으로 변모시켰다.

또 하나 독특한 지점은 플랫폼 가입을 위한 퀴즈 제도다. 제한 시간은 60분으로 총 100문제가 출제되며 60점 이상을 받아야 가입이 허락된다. 출제 범위는 콘텐츠 댓글 자막 매너, 애니메이션, 웹툰, 게임에 대한 기초적 지식을 포함한다. 이렇듯 탄막, 가입 퀴즈 등 게임을 하는 것 같은 이용 방식과 디자인을 통해 Z세대에게 가장 사랑받는 플랫폼이라는 평가에 걸맞도록 젊은 감성을 추구하고 있다. 비리비리는 여전히 초기 감성을 유지하는 범위에서 더 다양하고 많은 분야의 콘텐츠를 수급하고, 중국 플랫폼 중에서 버추얼 크리에이터가 활동하기에 가장 좋은 환경을 조성하며 메타버스에 상당히 적극적이라는 특징도 보인다.

(주요 연혁)
- 2015년 7월 비리비리 주관 제1회 2차원 게임 대회 개최
- 2016년 1월 충전 플랜 기능 출시
- 2018년 3월 미국 나스닥 증권거래소 상장
- 2020년 4월 소니의 4억 달러(4,800억 원) 전략 투자 진행
- 2021년 3월 홍콩 증권거래소 상장
- 2022년 2월 라이브 전면 안면 인식 기능 서비스

(5) 시과비디오

(플랫폼 요약)

- 중문명: 西瓜视频
- 영문명: Xigua Video
- 슬로건: 삶에 대한 호기심을 조명하다
- 구분: 중편 영상 플랫폼
- 출시일: 2016년 5월
- 웹사이트 주소: www.ixigua.com
- 월간 활성 사용자 수: 1.89억(2022.1.)
- 소속: 바이트댄스 계열
- 본사 소재지: 베이징

시과비디오는 바이트댄스 계열의 중편 영상 플랫폼이다. 바이트댄스는 더우인 출시 이전에 유튜브의 방향성을 보고 시과비디오의 전신인 터우티아오비디오头条视频 서비스를 먼저 시작하기도 했다. 시과비디오는 더우인과 마찬가지로 바이트댄스의 핵심 역량인 개인 맞춤형 콘텐츠 추천 알고리즘을 도입했다. 비리비리에 비해서는 넓은 사용자층과 콘텐츠 영역을 확보하고 있는데, 오락 콘텐츠보다 브이로그와 3농(농업, 농촌, 농민) 분야의 콘텐츠가 더 선호되는 특징을 가지고 있다. 특별한 색깔을 지녔다기보다는 유튜브처럼 보편적인 성향의 플랫폼을 지향한다. 바이트댄스가 가진 검색 시장의 파워와 단편 영상 플랫폼 최강자인 더우인과의 연합을 통해 비리비리를 넘어서겠다는 목표를 가지고 빠르게 성장하고 있다. 하나의 콘텐츠로도 트래픽이 급격히 증폭되는 효과가 있으므로, 크리에이터 입장에서는 더우인과 함께 필수적으로 운영해야 할 플랫폼이다.

(주요 연혁)

- 2018년 1월 대규모 문답형 지식 라이브 방송 〈백만영웅 百万英雄〉 1기 공식 개최
- 2020년 8월 〈중국 굿 보이스 2020 中国好声音2020〉 단독 중계
- 2020년 10월 업계 최초로 중편 영상의 개념을 선포. 이후 1년간 플랫폼에서 중편 영상 크리에이터에게 20억 위안 (3,800억 원) 투자
- 2020년 6월 더우인을 포함한 바이트댄스 산하 플랫폼들과 함께 '중편 영상 파트너십 계획' 발표. 크리에이터가 더우인에 배포하는 중편 영상 콘텐츠 트래픽을 시과비디오와 분배하기로 결정
- 2021년 6월 HDR 영상 기능 전면 지원

(6) 하오칸비디오

(플랫폼 요약)

· 중문명: 好看视频

· 영문명: Haokan Video

· 슬로건: 가볍게 얻어 가는 것들

· 구분: 중편 영상 플랫폼

· 출시일: 2017년 12월

· 웹사이트 주소: haokan.baidu.com

· 월간 활성 사용자 수: 0.65억(2022.1.)

· 소속: 바이두 계열

· 본사 소재지: 베이징

하오칸비디오는 바이두 계열의 중편 영상 플랫폼이다. 초기 성장을 위해 7억 명의 사용자를 보유한 바이두가 검색 트래픽을 집중시켜 하오칸비디오의 유입구 역할을 하고 있다. 또 바이두의 AI를 활용하여 콘텐츠를 추천해 사용자 만족도를 높이고 있다. 시과비디오와 마찬가지로 전 영역에 고른 콘텐츠를 지향하지만, 정부의 영향을 많이 받는 편이라 정치, 사회, 문화, 지식 분야에 좀 더 비중을 두는 모습이다. 이러한 이유로 비리비리와 시과비디오에 비해 사용자에 의해 선호되는 콘텐츠 범위가 좁고 보수적인 편이나, 바이두와 연계가 가능해 여러 기관 및 브랜드의 채널 입점이 많은 게 특징이다. 채널 자체의 성과에 주목하기보다는 브랜드 홍보로 이어지는 효과와 검색결과 확보를 위해 활용한다면 좋을 플랫폼 중 하나다.

(주요 연혁)

- 2020년 9월 시과비디오 책임자였던 숭졘宋健 하오칸비디오 CEO로 합류
- 2020년 11월 바이두 내 영상 플랫폼 트래픽 병합
- 2020년 12월 바이두 지도 아래 영상정보 지식도감 창설
- 2021년 4월 '가벼운 지식 플랜 프로젝트'를 발표하며 지식 크리에이터를 모집하고 지식 및 문화 카테고리 내 프리미엄 콘텐츠 제작
- 2021년 7월 사용자들이 영상 속에서 유용한 지식, 화제, 관점을 찾아낼 수 있는 '찬이샤圈一下' 기능 제공

(7) 웨이보

(플랫폼 요약)

- 중문명: 微博

- 영문명: Weibo
- 슬로건: 언제 어디서나 새로움을 발견하다
- 구분: 소셜미디어 플랫폼
- 출시일: 2009년 8월
- 웹사이트 주소: www.weibo.com
- 월간 활성 사용자 수: 5.73억(2021.9.)
- 소속: 시나닷컴新浪 계열
- 본사 소재지: 베이징

웨이보는 사용자 관계에 기반한 소셜미디어 플랫폼으로 텍스트, 이미지, 영상 등 미디어 형식으로 정보의 실시간 공유, 전파를 실현하며 소통한다. 글로벌 대표 소셜미디어인 트위터처럼 초기에는 한정된 글자 수만 공유할 수 있었으나 현재는 분량에 관계없이 자유롭게 업로드 가능하다. 주목할 부분은 소셜 기반으로 모인 웨이보 사용자 중에 비슷한 취미를 가졌거나 같은 태그를 단 사람들이 한데 모여 모든 화제를 웨이친微群*에 모은다는 점이다. 웨이보는 사용자가 선호하는 콘텐츠와 관련된 태그와 지역, 이슈 등을 활용해 웨이보의 추천 알고리즘을 강화한다. 여러 셀러브리티와 각종 기업 브랜드들

---

*　　웨이보그룹의 약칭이다.

은 웨이보의 특성을 잘 활용하고 있으며, 따라서 중국 국내뿐 아니라 중국 시장에 진출한 셀러브리티의 팬클럽과 글로벌 브랜드의 공식 페이지는 가장 먼저 웨이보에 만들어진다. 웨이보의 인증을 받은 셀러브리티와 브랜드의 계정에는 사칭을 막을 수 있는 'V인증'이 제공된다. 이처럼 주로 텍스트와 이미지에 집중하던 웨이보는 최근 영상 소비 트렌드에 맞춰서 영상 콘텐츠와 크리에이터 수급에 적극적으로 투자하는 상황이다. 팬 커뮤니티 형성에 가장 특화된 플랫폼이기에 이를 적극적으로 활용하는 전략적인 접근이 필요하다.

(주요 연혁)
- 2009년 9월 사용자 태그 기능 및 개인 메신저 기능 추가
- 2013년 8월 타오바오와 이커머스 전략적 협력 실시
- 2014년 3월 미국 나스닥 증권거래소 상장
- 2016년 11월 업로드 가능한 글자 수 제한 해제
- 2017년 6월 MCN 관리 모델 도입
- 2017년 3월 인플루언서 전문 커머스 플랫폼을 개설
- 2021년 12월 홍콩 증권거래소 상장

(8) 샤오홍슈

(플랫폼 요약)

- 중문명: 小红书
- 영문명: Little Red Book
- 슬로건: 나의 생활을 기록하라
- 구분: 소셜미디어 플랫폼
- 출시일: 2013년 6월
- 웹사이트 주소: www.xiaohongshu.com
- 월간 활성 사용자 수: 1.3억(2021.8)
- 소속: 샤오홍슈 계열
- 본사 소재지: 상하이

샤오홍슈는 해외 직접구매 공유 커뮤니티로 시작됐다. 여기서 확보된 사용자층을 바탕으로 화장품, 위생용품 외에도 스포츠, 여행, 가구, 관광, 호텔, 맛집 등 정보까지 공유하며 차츰 전 영역에서의 소비 경험과 라이프스타일에 영향력을 미치는 강력한 소셜미디어 플랫폼으로 발전했고 '브랜드 마케팅은 웨이보'라는 공식을 뒤집어 버렸다. 특히 2016년 초, 샤오홍슈는 빅데이터와 AI를 접목한 알고리즘으로 커뮤니티 내 콘텐츠와 해당 콘텐츠에 흥미를 가질 사용자를 정확하게 매칭함으로써 사용자 경험을 제고시켰다.

샤오훙슈가 하나의 라이프스타일 커뮤니티로서 가진 가장 큰 특징은 사용자가 업로드하는 콘텐츠가 전부 현실과 일상에서 비롯한 것이라는 점이다. 즉, 사용자가 반드시 풍부한 일상적 소비 경험을 가져야만 샤오훙슈에 콘텐츠를 업로드할 수 있고 지속적으로 팔로워의 구독을 유도할 수 있다는 점이다. 샤오훙슈에서 사용자는 '온라인에서 공유'된 소비 경험을 통해 '커뮤니티 소통'을 유발하고 다른 사용자의 '오프라인 소비'를 촉진시킨다. 이러한 사용자는 다시 온라인에서 정보를 공유한다. 이런 식으로 선순환이 유도되는 것이다. 지난 몇 년간, 퍼펙트 다이어리Perfect Diary, 중쉐가오钟薛高, 샤오셴둔小仙炖, 구위谷雨, 마이아 액티브Maia Active 등을 포함한 신규 브랜드가 샤오훙슈를 통해 성장했고, 후이리回力, 바이췌링百雀羚, 따바이투大白兔, 리닝李宁 등 클래식브랜드도 샤오훙슈를 통해 더 많은 젊은 세대의 관심을 끌며 신소비 브랜드의 대표주자가 되었다.

웨이보가 전통적인 블로그 마케팅이 가능한 모델이라면 샤오훙슈는 인스타그램 마케팅을 표방한다. 따라서 젊고 아름답고 세련된 콘텐츠가 인기를 끌고 있으며, 인스타그램과 마찬가지로 영상 콘텐츠 업로드가 가능해지면서 콘텐츠 전달력이 더 풍부해졌다.

(주요 연혁)

- 2014년 12월 이커머스 플랫폼 푸리셔^{福利社}를 출시하며, 커뮤니티를 이커머스로 업그레이드

- 2017년 5월 국제 물류 시스템인 리딜리버리^{Redelivery}를 론칭하며 글로벌 물류 체인 정보 검색을 지원

- 2019년 11월 브랜드 협력 플랫폼, 좋은 상품 추천 플랫폼, 상호 연동 라이브 플랫폼 기능을 제공하는 '크리에이터 123 플랜' 정식 출시

- 2021년 4월 커뮤니티 공약 론칭을 통해 콘텐츠 공유 및 창작 과정에서 크리에이터가 판매자로부터 협찬이나 편의를 받을 경우 반드시 자발적으로 관련 내용을 명확히 밝히도록 규정

(9) 아이치이

(플랫폼 요약)

- 중문명: 爱奇艺
- 영문명: iQIYI
- 슬로건: 좋은 퀄리티로 즐거움을 느끼세요
- 구분: 장편 영상 플랫폼

- 출시일: 2010년 4월
- 웹사이트 주소: www.iq.com
- 월간 활성 사용자 수: 4.92억(2022.1.)
- 소속: 바이두 계열
- 본사 소재지: 베이징

아이치이는 바이두 계열의 장편 영상 플랫폼으로 '품질 제일'이라는 브랜드 이념을 계승하며 제품, 기술, 콘텐츠, 마케팅 등 전방위적 혁신을 적극적으로 추진하고 있다. 특히 사용자에게 풍부하고 선명하며 원활한 전문 영상 경험을 제공함으로써 모든 사람이 평등하고 편리하며 더 좋은 품질의 영상을 더 많이 즐기도록 하는 데 주력했다. 아이치이는 이커머스, 게임, 영화 티켓 등의 사업을 포함해, 사람과 서비스를 연결하는 영상 상업 생태계를 성공리에 구축하고 장편 영상 플랫폼 사업 모델의 다원화 발전을 이끌었다. 아이치이는 '가벼운 사치'라는 풍조를 내세워 유료 VIP회원의 개념을 강조하면서, VIP회원 전용 프리미엄 콘텐츠, 최고급 시청각 체험 및 독자적인 오프라인 회원 서비스를 제공하면서 성장했다. 유료 멤버십의 성공을 통해 미국 나스닥 증권거래소 상장을 이뤄냈을 뿐 아니라, 바이두의 기술력과 함께 VR시장에서 선구자 역할을 자처하기도 했다. 중국과 글로벌의 VR콘텐츠를 다양하게 수급하고 전용 VR기기를 함께 공급하면서 2018년 광군절 행사에서는 판매량과 판매액 모두 1위를 기록하며 기기와 콘텐츠 패키지의 성공 사례를 만들기도 했다. 한국 콘텐츠와 시장에 대해 많은 관심이 있어 콘텐츠 유통은 물론 한국 시장에 직접 진출하기도 했다.

(주요 연혁)

- 2014년 3월 4K 초고화질 영상 서비스 시작
- 2018년 3월 미국 나스닥 증권거래소 상장
- 2018년 4월 온라인 엔터테인먼트와 이커머스 사이트의 회원을 상호 인정하기 위해 JD닷컴과 협력 체결
- 2022년 3월 양질의 인터넷 영화를 조회 수에 따른 수익 배분 모델로 업그레이드한 '아이치이 인터넷 영화' 발표

(10) 텐센트비디오

(플랫폼 요약)

- 중문명: 腾讯视频
- 영문명: Tencent Video
- 슬로건: 좋은 시절을 저버리지 마라

- 구분: 장편 영상 플랫폼
- 출시일: 2011년 4월
- 웹사이트 주소: v.qq.com
- 월간 활성 사용자 수: 4.55억(2022.1.)
- 소속: 텐센트 계열
- 본사 소재지: 선전

텐센트비디오는 텐센트 계열의 장편 영상 플랫폼이자 인기 영상, 예능 오락, 스포츠 경기, 뉴스 등을 하나로 합친 종합 영상 콘텐츠 플랫폼이기도 하다. 텐센트비디오는 오래전부터 글로벌 콘텐츠 수급에 자금을 아끼지 않았다. 2014년 HBO와 전략 협력을 맺고, 독자적으로 〈왕좌의 게임〉, 〈더 뉴스룸〉, 〈밴드 오브 브라더스〉, 〈보드워크 엠파이어〉 등 각종 수상작 배포를 계약하여 중국 내륙의 인터넷 방송으로는 유일하게 HBO라이선스를 정식으로 획득하기도 했다. 최근에는 아이치이와 마찬가지로 중국 국내 시장의 한계를 느끼고 중국 및 글로벌 OTT 서비스 플랫폼에 투자하거나 인수하며 적극적으로 해외 시장에 진출하고 있다. 2020년에는 '동남아 넷플릭스'로 불리는 동남아시아 최대 OTT 서비스 플랫폼인 아이플릭스를 인수하며 방점을 찍었다.

(주요 연혁)

- 2013년 6월 중국 최초로 영국 드라마 콘텐츠 서비스 지원

- 2013년 10월 플랫폼 내 위챗페이 기능 개통

- 2017년 2월 VR 콘텐츠 서비스

- 2018년 5월 고화질 전용 구역 신설

- 2019년 7월 상호 연동형 동영상 기술 표준을 배포. 원스톱 영상 연동 개방 플랫폼을 출시

(11) 유쿠

(플랫폼 요약)

· 중문명: 优酷

· 영문명: Youku

· 슬로건: 당신의 사랑이 절찬리에 방영 중입니다

· 구분: 장편 영상 플랫폼

· 출시일: 2006년 6월

· 웹사이트 주소: www.youku.com

· 월간 활성 사용자 수: 1.66억(2022.1.)

· 소속: 알리바바 계열

· 본사 소재지: 베이징

유쿠는 중국에서 가장 오래된 장편 영상 플랫폼이다. 유쿠는 드라마, 예능, 영화, 애니메이션의 4대 콘텐츠와 정보, 기록, 경제 및 문화, 패션 및 일상, 음악, 스포츠, 게임, 자체 채널까지 8대 수직 콘텐츠로 구성돼 중국 내 최대 규모의 콘텐츠 보유량을 자랑한다. 가장 많은 영화 콘텐츠를 보유했고, 극장 동시 상영 콘텐츠의 80퍼센트를 커버하고 있다. 2020년 유쿠는 새로운 콘텐츠 정책을 발표하고, 순위권 드라마와 초특급 예능을 주축으로 '5대 영화관, 3개 예능 밴드'를 형성하여 맞춤형 특정 사용자를 공략하면서 양질의 콘텐츠를 지속적으로 공급하고 있다. 3개 예능 밴드는 유행, 여성 생활, 코믹 예능을 포함한다.

(주요 연혁)

- 2010년 3월 중국 최초 영상 사업 사용자 시청 데이터 '유쿠지수' 출시
- 2010년 12월 글로벌 영상 플랫폼 최초로 미국 나스닥 증권거래소 상장
- 2011년 9월 모바일 단말기를 위한 전용 플레이어 출시
- 2013년 2월 QR코드 스캔으로 현재 시청 중인 동영상을 모바일 장치로 '이동'하여 계속 시청 가능한 기능 추가
- 2014년 2월 장편 영상 플랫폼 최초로 사용자 전용 동영

상 채널인 '개인 채널' 개통

- 2016년 4월 유쿠투도우优酷土豆 합병
- 2019년 9월 상호 연동 콘텐츠 플랫폼 서비스 시작

(12) 왕이윈뮤직

(플랫폼 요약)

- 중문명: 网易云音乐
- 영문명: NetEase Cloud Music
- 슬로건: 음악의 힘
- 구분: 음악 스트리밍 플랫폼
- 출시일: 2013년 4월
- 웹사이트 주소: music.163.com
- 월간 활성 사용자 수: 1.46억(2021.4.)
- 소속: 왕이 계열
- 본사 소재지: 항저우

왕이윈뮤직은 왕이 계열의 음악 스트리밍 플랫폼이다. 중국에서는 최초로 '플레이리스트'를 핵심 구조로 내세운 플랫폼이다. 따라서 중국 최대 플레이리스트 보유고이자, 대량의

명곡을 쉽고 간단하게 플레이리스트에 추가할 수 있을뿐더러 전문 뮤지션, DJ, 개인 제작자 등 창작자의 분야도 가리지 않는다. 주요 서비스 항목으로는 플레이리스트, 사교, 빅 브랜드 추천, 뮤직 핑거프린팅이 있으며, 자유롭게 음악을 평론하는 분위기를 조성해 같은 음악에 대한 타인의 평가를 볼 수 있고, 그 속에 담긴 이야기와 감정을 체험할 수 있으며, 호응을 얻을 수도 있다. 사용자는 'BJ TV', '뮤직 스토리', '토크쇼', '정서적 주제'를 테마로 플레이리스트를 업로드하면서 손쉽게 자신을 표현할 수 있다. 또 영상 업로드 시 영상에 포함된 음원을 별도로 추출하는 기능도 제공하고 있다. 2020년부터는 엠로그^{Mlog} 개념을 도입해, 보이는 음악을 표방하는 전략을 추진하며 대규모의 음악 크리에이터들을 확보하고 있다. 음악 관련 크리에이터라면 반드시 진출해야 하는 플랫폼이다.

(주요 연혁)

- 2018년 2월 텐센트 뮤직과 온라인 음악 라이선스 협력 체결
- 2020년 6월 노래방 기능을 제공하는 플랫폼 뮤직로드 출시
- 2020년 8월 더우인과 협력을 체결하며 음악과 단편 영상이 함께하는 콘텐츠 생태계 구축

- 2021년 12월 홍콩 증권거래소 상장
- 2022년 1월 한 번에 비트를 거래할 수 있는 플랫폼 비트소울^{BeatSoul} 론칭

(13) QQ뮤직

(플랫폼 요약)

- 중문명: QQ音乐
- 영문명: QQMusic
- 슬로건: 듣고 싶은 노래, 바로 듣자!
- 구분: 음악 스트리밍 플랫폼
- 출시일: 2005년 2월
- 웹사이트 주소: y.qq.com
- 월간 활성 사용자 수: 1.86억(2021.4.)
- 소속: 텐센트 계열
- 본사 소재지: 선전

QQ뮤직은 텐센트 계열의 음악 스트리밍 플랫폼이다. 양질의 콘텐츠를 중심으로 빅데이터와 인터넷 기술을 동력 삼아 스마트 오디오와 입체적 음악 생태계 구축에 힘쓰며 사용

자에게 다양한 음악 경험을 제공한다. 2016년, 쿠거우뮤직, QQ뮤직, 쿠워뮤직이 합병되어 '텐센트 뮤직 엔터테인먼트 그룹TME'이 탄생했다. TME는 독립적으로 또 협력적으로, 다양한 분야와 방식의 음악 콘텐츠를 전방위적으로 커버하고 있다. QQ뮤직은 세심한 디자인과 양질의 경험, 라이브러리, 최신 유행곡, 전문 카테고리, 풍부한 배경음악, 음악 공유 등 여러 커뮤니티 서비스를 통해 사용자의 뮤직 라이프스타일을 이끌어 가고 있다.

(주요 연혁)

- 2019년 11월 작품 관리, 홍보, 팬 활동, 데이터 모니터링, 창작 수익창출이 가능한 개방형 서비스 제공
- 2021년 7월 푸퉁싱츄扑通星球 론칭으로 커뮤니티 속성 강화
- 2022년 2월 스마트 악보2.0 정식 론칭

(14) 후야라이브

(플랫폼 요약)

- 중문명: 虎牙直播
- 영문명: Huya Live

- 슬로건: 기술로 재미를 만들어 내다
- 구분: 라이브 플랫폼
- 출시일: 2014년 11월
- 웹사이트 주소: www.huya.com
- 월간 활성 사용자 수: 0.85억(2022.1.)
- 소속: 텐센트 계열
- 본사 소재지: 광저우

후야라이브는 상호 연동형 라이브 플랫폼으로, 사용자에게 풍부한 고화질 상호 연동형 영상 라이브 서비스를 제공한다. 후야라이브는 중국에서 가장 긴 역사를 가진 게임 라이브 플랫폼의 선두주자 중 하나로서, 〈리그 오브 레전드〉, 〈왕자영요〉, 〈구구대작전〉, 〈오버워치〉, 〈하스스톤〉, 〈배틀 그라운드〉 등 3,300여 종의 게임을 보유하고 있다. 최근에는 점차 엔터테인먼트, 예능, 교육, 아웃도어, 스포츠 등 다양한 분야로까지 라이브 콘텐츠를 확장 중이다. e스포츠 발전에 힘입어 후야라이브는 세계의 상위권 팀과 BJ를 모아 국내외 경기 라이브 라이선스를 취득하고 독자적인 IP 경기를 개최했다. 그 밖에도, 후야라이브는 연예인의 BJ 방송 분야에서 엔터테인먼트 라이브를 실시하면서, 스타 BJ 전략을 가동했다. 후야라이브는 또한, 중국 최초로 HTML5 라이브 기술을 적용해, 사용자들은 더 이상 플러그인을 설치할 필요가 없어졌다. 이러한 기술적 혁신과 최적화는 라이브커머스 업계에 새로운 시대를 열었을 뿐 아니라, 대외적으로도 중국의 기술력이 세계 시장을 선도하는 위치에 도달했음을 증명했다. 후야에서 새롭게 선보인 이치쉐一起学 카테고리에는 초중생을 대상으로 한 라이브 및 온라인 커리큘럼부터 성인 사용자의 취미 커리큘럼까지 포함하며, 라이브 업계의 기술과 운영적 우위를 통해 새로운 온라인 교육 모델을 구축하고 있다.

(주요 연혁)
- 2014년 11월 1080픽셀 고해상도 및 100만 사용자의 동시 접속을 지원하는 기술 확보
- 2016년 11월 HTML5 라이브 기술 적용
- 2018년 5월 미국 나스닥 증권거래소 상장
- 2020년 10월 라이브 플랫폼 도우위斗鱼와 합병

(15) 히말라야

(플랫폼 요약)
· 중문명: 喜马拉雅

- 영문명: Himalaya
- 슬로건: 매일의 활력 있는 양식
- 구분: 음성 지식 공유 플랫폼
- 출시일: 2013년 2월
- 웹사이트 주소: www.ximalaya.com
- 월간 활성 사용자 수: 2.62억(2021.6.)
- 소속: 히말라야 계열
- 본사 소재지: 상하이

히말라야는 음성 지식 공유 플랫폼이다. 히말라야는 지식 분야의 금융, 문화, 역사 카테고리 전집, 엔터테인먼트 분야의 소설과 어린이를 위한 교육 콘텐츠, 중장년층을 위한 클래식 콘텐츠까지 전부 망라한다. 팟캐스트의 방향성을 기반으로 제작된 히말라야는 목소리로 중국의 수억 인구를 연결하고, 콘텐츠 창작자와 사용자가 동반 성장하는 플랫폼을 구축했다. 창작자는 목소리로 자신의 이야기, 관점, 지식을 공유하고 이를 통해 구독자를 획득하여 성취감을 얻거나 IP 부가가치를 형성하여 상업적 수익창출의 기회를 얻는다. 이들 창작자는 다양한 업계의 종사자로서 연예인, 인플루언서 브랜드, 미디어 전문인뿐만 아니라 각계각층의 다양한 일반인, 장애인, 노인 등 특수 계층까지 포함하고 있다.

(주요 연혁)

- 2016년 6월 최초로 유료 프로그램인 사업가 마둥^{马东}의 〈호호설화〉 출시

- 2017년 6월 샤오야 AI 뮤직박스^{小雅AI音箱} 출시

- 2018년 8월 청소년 근시 개선과 아동 시력 보호를 위한 〈시마오이야기^{喜猫儿故事}〉 출시

★

4장

이 구역에서는
내가 제일 잘나가

한 사람이라도 돌무더기를 보면서
머릿속에 대성당의 이미지를 떠올린다면,
그것은 더 이상 돌무더기가 아니다.

—앙투안 드 생텍쥐페리

모바일 시대, 대세는 '숏'이다:
더우인 vs 콰이쇼우 vs 웨이신스핀하오

오늘날 생활 리듬이 빨라지면서 사람들이 정보를 취득하는 속도 역시 빨라지고 있다. 사람들은 본능적으로 신기하고 자극적이며 직관적인 사물에 대해 호기심을 갖는다. 그리고 영상은 이미지, 텍스트보다 처리 및 전환의 과정이 짧아 더욱 직접적으로 사용자의 마음을 자극한다. 출퇴근길, 점심시간, 잠자기 전 등 자투리 시간에 당신이라면 무엇을 하겠는가? 이렇게 짧은 시간 동안 책을 한 권 읽거나, 드라마 한 편을 보거나,

예능 프로그램을 시청한다는 것은 불가능한 일이다. 이러한 틈새를 파고들며 재생시간이 짧은 단편 영상이 각광받기 시작했고, 장편 영상이 점령하고 있던 우리의 자투리 시간을 대체하기 시작했다. 이러한 이유로 중국에서도 단편 영상은 인기 있는 매체로 빠르게 성장 중이며 더우인, 콰이쇼우, 웨이신 스핀하오라는 3대 거물 플랫폼을 탄생시켰다.

단편 영상 플랫폼을 통해 창작하는 콘텐츠는 높은 기술력을 요구하지 않기 때문에 누구든 손쉽게 콘텐츠를 만들 수 있다. 좋은 아이디어만 있다면 휴대폰 한 대, 간단한 편집 기술, 눈에 띄는 시각적 특성만으로도 단편 영상 플랫폼에서 엄청난 트래픽을 불러일으킬 수 있다. 하지만 완성도 높은 단편 영상 콘텐츠를 만들어 플랫폼에서 성과를 내려면 먼저 각 단편 영상 플랫폼의 특성에 대한 기초적인 이해가 필요하다. 각각의 플랫폼마다 사용자 그룹, 취향, 인기 동영상 테마, 플랫폼 기반 알고리즘과 추천 메커니즘에 큰 차이가 존재하기 때문이다. 지피지기면 백전백승이라 하지 않았나. 여기서는 앞서 말한 3대 단편 영상 플랫폼의 특성을 상세히 알아보고 크리에이터와 콘텐츠 방향성에 따라 어떤 플랫폼을 선택해야 더 유리한지에 대한 힌트를 얻어보자.

▶ 더우인: '아름다운 일상을 기록하다'

① **사용자 속성** 젊은 세대가 많다. 따라서 유행과 외모에 관심이 많은 편이다. 여성 사용자 비율이 높으며 소득 수준이 높은 1, 2선 도시에 거주하는 사람들이 많다는 점이 특징이다.

② **콘텐츠 특징** 가벼운 유머, 뷰티, 지식 학습, 장기자랑, 아기와 반려동물, 맛집 및 요리, 여행 및 풍경 등

③ **콘텐츠 추천 메커니즘** 더우인은 콘텐츠 품질이 좋고 평점이 높으며, 인기가 많은 콘텐츠를 통해 끊임없이 사용자 트래픽을 유입한다. 유입된 사용자 트래픽이 이탈하지 않도록 상위 콘텐츠 위주의 스마트 추천 알고리즘이 초기에 구동된다. 더우인의 사용자 트래픽에 콘텐츠를 추천하는 알고리즘은 태그(90퍼센트)와 구독(10퍼센트) 상황의 전개에 따라 흥미를 기반으로 작동한다. 쉽게 설명하자면, 더우인에서 사용자가 마음에 드는 영상을 발견하고, '좋아요'를 누르거나 평가 또는

[그림 4.1] 더우인 주요 특징을 정리한 페이지. 왼쪽부터 촬영, 리이브, 특수효과, 검색, 이슈, 추천 영상 페이지다.

저장을 하면, 더우인 AI가 영상 콘텐츠를 식별하여 그 영상 콘텐츠의 속성을 해당 사용자에게 흥미 태그로 표시해 준다. 그다음에 이런 속성 태그를 가진 영상들을 사용자에게 추천하는 것이다. 예를 들어, 뷰티 관련 영상을 즐겨 본다면, 더우인 빅데이터 스마트 식별 AI가 1,000만 개의 영상 중에서 해당 카테고리의 영상을 당신에게 추천한다는 것이다. 또 이 과정에서 콘텐츠는 가중치를 부여받게 되는데, 콘텐츠가 인기를 얻고 성과가 좋아지면 가중치가 추가로 상승하고 그 반대의 경우에는 하락하기도 한다. 가중치가 높다는 것은 트래픽을 그만큼 많이 받는다는 의미인데, 이러한 메커니즘에 의해 상위 콘텐츠에 트래픽이 더 몰리므로 부익부빈익빈 상황을 초래하기도 한다. 플랫폼 입장에서는 잘 팔리는 것들에 더 집중하려는 것이지만, 이 때문에 보통의 크리에이터들에게는 진출하기에 그리 만만한 플랫폼이 아니긴 하다.

④ **수익화 방식**　상점(이커머스), 라이브커머스, 플랫폼 이벤트, 광고 수주

⑤ **주로 활동하는 인플루언서 특성**　'브랜드'를 더우인 인기제품인 '더우홍콴抖红款'으로 만들어 '더우홍抖红' 브랜드를 일궈낼 수 있는 트렌드 세터들이다.

▶ **콰이쇼우: '모든 순간을 품어내다'**

① **사용자 속성** 절친 문화, 일반인 문화, 높은 남성 사용자 비율, 3~4선 이하 도시 거주자 기반 등이 특징이다. 일상 속 현실에서 필터를 삭제한 '오리지널 상태', 즉 억지스러운 프리미엄을 추구하지 않는다.

② **콘텐츠 특징** 일상 브이로그, 자연, 영상미, 슬랩스틱 유머, 3농 등

③ **콘텐츠 추천 메커니즘** 콰이쇼우는 트래픽의 고른 배분을 지향하는 탈중심화 운영 정책을 채택하고 있으며, '평범하지만 포용력 있는' 가치관을 대변하듯 보통의 크리에이터와 콘텐츠에 보다 주목하고 있다. 이에 모든 크리에이터는 콰이쇼우에서 상대적으로 평등한 트래픽과 노출 기회를 제공받는다. 콘텐츠를 추천하는 알고리즘 구성 요소에서는 더우인에 비해 구독 상황 가중치가 높은데(30~40퍼센트), 이를 통해 플

[그림 4.2] 콰이쇼우의 주요 특징이다. 왼쪽부터 라이브, 특수효과, 개인화 뷰티, 이슈, 검색.

랫폼 내 인기 영상보다 구독한 채널에 새롭게 업로드된 영상을 구독자에게 먼저 추천하기 때문에 크리에이터와 구독자 간 상호연결성이 매우 높다. 이 메커니즘의 장점은 더 많은 크리에이터에게 플랫폼에서 성장할 기회를 준다는 것이다. 하지만 상대적으로 플랫폼 진입 문턱이 낮아지고 콘텐츠의 품질에 대한 포용도가 높아진 상황은 결국 콘텐츠 품질에 대한 이슈로 연결될 수 있다. 하지만 콰이쇼우 나름의 전략은 유효했던 것 같다. 구독자와의 상호연결성과 신뢰를 높이는 데 집중한 콰이쇼우는 신뢰가 바탕인 라이브커머스 영역에서 더우인을 넘어서는 양상을 보이기 때문이다.

④ **수익화 방식**　상점(이커머스), 라이브커머스, 유료 콘텐츠 창작

⑤ **주로 활동하는 인플루언서 특성**　대부분 '일반인' 출신으로, 이들이 가지는 직업이 크리에이터 캐릭터를 결정짓는 아주 강력한 요소가 된다. 따라서 홍보하고자 하는 주력 브랜드를 계층 및 직업에 따라 보다 쉽게 홍보할 수 있다. 이커머스 속성이 더우인보다 강한 편이다.

▶ **웨이신스핀하오: '리얼 라이프를 기록하다'**

① **사용자 속성**　기본적으로 웨이신 생태계의 모든 사용자를 포함하며, 소속감을 강조한다.

② **콘텐츠 특징**　지식 및 과학, 맛집 및 요리, 감성 영상, 일상 에피소드 등

③ **콘텐츠 추천 메커니즘**　웨이신스핀하오의 알고리즘은 웨이신 생태계의 강력한 커뮤니티 메커니즘이 기반이다. 따라서 커뮤니티 링크 추천 형태의 방식을 선택해, 절친 사이에서 이뤄진 상호 추천을 통해 영상 콘텐츠의 노출 범위를 확대한다. 이를 바탕으로 웨이신스핀하오는 더우인과 콰이쇼우에 비해 콘텐츠가 아닌 사용자에게 주목하는 편이다. 실제 알고리즘 구성에서 구독자의 호평과 구독 상황 등에 더욱 무게를 두고, 구독자의 충성도에 가중치를 두고 있다. 웨이신스핀하오는 독립된 플랫폼이 아니라 웨이신 내부에서 서비스되고 있기에 웨이신 생태계에서 하나의 기능 요소로 작용하고 있다. 웨이신은 강력한 지인 커뮤니티 속성을 기반으로 웨이신스핀하오를 포함한 모든 것을 연결하고, 산발적으로 분산돼 있던 커뮤니티, 콘텐츠 창작 및 수익성 방안을 하나로 통합함으로써 웨이신스핀하오 생태계에도 보다 많은 기회를 제공하게 될 것이다. 추후 플랫폼 독립을 위해, 직접 창작한 개성 있고 가치 있는 콘텐츠 수급에 주목하며, 사용자들의 탈중심화 및 문턱 낮추기에 힘쓰는 콰이쇼우의 전략을 참고할 가능성이 높다.

④ **수익화 방식**　라이브 보상, 유료 지식 판매, 상품 판매, 커뮤니티 수익화, 광고 수익화

⑤ **주로 활동하는 인플루언서 특성** 기업 공식 계정 생성자, 웨이신 판매자 등 브랜드와 관련 있는 사람들이다. 커뮤니티 속성이 강한 플랫폼이므로 사적 영역의 트래픽을 가진 기업에게 더 우호적이다.

요약하자면 먼저 완성도 높은 콘텐츠를 추구하며 콘텐츠 노출을 늘리고 싶거나, 연결할 제품 또는 서비스가 젊은 세대를 겨냥한 것이라면, 먼저 더우인에서 콘텐츠에 대한 트래픽을 확보하고 판매를 고려하는 것이 좋을 것이다. 반면 규모는 작지만 3, 4선 도시에서 거주하는 구독자의 높은 충성도를 바탕으로 이커머스를 계획한다면, 콰이쇼우가 더 나은 선택이 될 것이다. 마지막으로 만일 구독자 확보 자체를 목적으로 한다면, 웨이신스핀하오가 개인 트래픽 유입의 근원이 되어줄 것이고, 구독자들을 직접 자신의 개인 도메인으로 유입시키는 것까지도 가능하므로 최적의 선택지가 될 수 있다. 그러나 장기적 발전과 IP의 확보라는 관점에서 본다면, 3개의 플랫폼을 동시에 운영해 보는 것도 효과적인 전략이 될 수 있다. 크리에이터가 플랫폼을 선택하는 것이 아니라, 플랫폼과 구독자가 콘텐츠를 선택할 수 있도록 선택지를 확보해 두는 것이다. 이 과정에서 크리에이터는 여러 번 길을 잃을 수도 있지만, 한편 각 플랫폼에 대한 운영 전략을 발견하게 될 수도 있다. 한쪽에 치우치기보다는 다양한 시도와 경험, 그리고 충분한 학습을 바탕으로 운영 지식을 파악한 뒤 전략적으로 행동한다면 보다 만족스러운 성과를 이룰 수 있을 것이다.

내가 중국의 유튜브다:
비리비리 vs 시과비디오 vs 하오칸비디오 vs 즈후

중국의 온라인 콘텐츠 플랫폼의 구분에서 유튜브와 가장 비슷한 특성을 가진 것은 중편 영상이다. 유튜브처럼 콘텐츠 소비에 따른 조회 수 수익을 기본적인 모델로 가져가고 있는 플랫폼도 중편 영상 플랫폼이다. 1분에서 30분 길이의 중편 영상 모델이 어느 날 갑자기 나타난 혁신적인 모델은 아니다. 특히 중국 내 중편 영상 카테고리는 어떤 근거를 기반으로 생겨난 것이 아니라 영상 업계가 발전하면서 시장 상황과 맞물려 비롯된 것이다. 유튜브와 비슷한 시기에 설립된 이전의 장편 영상 플랫폼들은 유튜브의 방향성을 보고 모두 중편 영상 플랫폼 모델에 도전하기도 했다. 하지만 당시에는 여전히 TV 프로그램이나 영화처럼 완성도 높은 품질의 콘텐츠에 대한 선호도가 더 높았다. 이러한 상황에서 여러 플랫폼이 대중의 선택을 받지 못한 중편 사용자 창작 콘텐츠에 계속해서 자원을 투입할 수는 없었다.

그렇다면 어째서 중편 영상 분야에 갑자기 이렇게 많은 플레이어가 나타나게 되었을까? 단편 영상 업계가 너무 붐비기 때문에 중편 영상을 선택할 수밖에 없던 것일까? 물론 단편 영상 업계의 상위 플레이어들이 강력하게 시장을 점유한 것도 역시 하나의 요소로 작용했을 수 있겠으나, 이것만으로는 어째서 그 많은 회사가 중편 영상 업계에 뛰어들었는지 완전히 이해할 수 없으며, 영상 플랫폼이 아닌 즈후, 샤오홍슈 등 정보성 플랫폼들이 왜 중편 영상만을 위주로 하는 영상 기능을 출시했는지도 설명할 수 없다.

아마도 단편 영상과 장편 영상 모델만으로 잠재적 수요를 충족시킬 수 없다는 것이 가장 큰 이유일 것이다. 단편 영상은 짧다. 더우인에서 처음 단편 영상을 시작할 때 고려한 설정은 15초였다. 반대로 장편 영상은 길이에 제한이 없다. 대형 예능 프로그램의 재생시간은 편당 한두 시간이 기본이고 그것도 부족해 몇 부작으로 나눠 방영하기도 한다. 이 사이에서 15초를 넘어 조금 더 많은 이야기를 담고 싶어 하는 크리에이터의 욕구와 집중력에 피로를 느껴 30분 이내의 영상에 환호하는 대중들의 욕구가 만났고, 이 사이에 있는 적당한 길이의 영상에 대한 수요가 생기기 시작했다. 글로벌 조사기관인 스타티스타의 2018년도 통계에 따르면, 유튜브 콘텐츠의 평균 재생시간은 각 카테고리에 따라 조금씩 차이가 있지만, 대부분 5분에서 20분 정도다. 유튜브가 콘텐츠 재생시간에 대한 가이드를 준 것이 아님에도, 이미 오래전부터 1분에서 30분 정도의 중편 영상 길이가 사용자 창작 콘텐츠에 최적화돼 있음을 간접적으로 증명해 준 것이다. 단편 영상의 주요 기능은 킬링타임용 엔터테인먼트이고, 재생시간에 제약이 있어 많은 정보를 담아낼 수 없다. 따라서 심도 있는 콘텐츠를 전파할 수 없고 콘텐츠 동질화 현상이 심각하다. 장편 영상 콘텐츠는 주로 영화나 예능 등으로 제작 비용이 높아서 사용자 창작 콘텐츠 모델에는 적합하지 않다. 그뿐만 아니라 장편 영상은 정보를 취득하는 효율도 낮은 편이다. 영상을 시청하는데 들여야 할 시간과 비용이 너무 크기 때문이다.

그러나 중편 영상 모델은 이런 아쉬움을 해결할 수 있었다. 첫째, 재생시간 덕분에 중편 영상은 정보 전달 방면에서 단편 영상의 단점을 극복했다. 더 긴 재생시간을 통해 더 많은 정보를 영상에 담아낼 수 있어, 심도 있는 영상을 창작할 수 있다. 한편 장편 영상과 대비했을 때는, 사용자가 영상을 통해 정보를 취득하는 효율이 더 높고, 영상에 소비해야 할 시간 대비 비용이 적다.

둘째, 중편 영상은 다양한 콘텐츠 영역을 다룰 수 있다. 정보, 과학, 평가, 브이로그, 학습 분야의 영상은 단편 영상 플랫폼에서는 잘 다뤄지지 않는다. 게다가 시간이 제한돼 있으므로 단편 영상 플랫폼은 여러 분야로 확장하기가 어렵다. 그렇다고 장편 영상에 이런 유형의 콘텐츠를 담아내기란 너무 무겁다. 따라서 중편 영상은 수요에 비해 공급이 부족한 편이며, 잠재적 사용자가 많이 분포한 성장 가능한 시장이다. 중편 영상은 단편 영상과 장편 영상의 혼합물로, 앞선 두 가지 영상 모델의 핵심 콘텐츠를 공략할 수 있을 뿐만 아니라, 충족되지 못한 영상 콘텐츠 분야에서 새로운 발전을 도모할 수 있어, 콘텐츠 구조를 다양화할 수 있다.

셋째, 중편 영상은 크리에이터가 트래픽을 수익화하기 쉬운 편이므로 크리에이터의 창작 열정을 고취시켜 고품질 콘텐츠가 끊임없이 등장할 수 있다. 단편 영상 대비 재생시간이 길기 때문에 중편 영상 광고 모델은 더욱 다양해지고, 관련 제품을 더욱 효과적으로 추천할 수 있다. 광고가 곧 콘텐츠인 모델로서, 구매 전환율을 높여 광고효과를 증대시키는 것이다. 장편 영상과 비교했을 때도 중편 영상은 더 효과적으로 사용자에게 제품 정보를 전달할 수 있고, 제작비용이 낮은 데 반해 수익성 효율은 훨씬 높다.

시과비디오 CEO인 런리펑은 2020년 10월 열린 '시과 PLAY 호기심 대회'에서 중편 영상의 개념을 제시했다. 이는 시과비디오가 새로운 레이싱 코스로 중편 영상을 선정했고,

영상은 가치와 이성, 지식에 집중할 것임을 의미했다. 하지만 블루오션에는 언제나 경쟁자가 따르게 마련이다. 비리비리, 하오칸비디오, 즈후 등이 이 분야에 정식 도전장을 내밀었고, 시과비디오를 포함한 이 4대 중편 영상 플랫폼은 중국의 유튜브 타이틀을 두고 무한의 경쟁을 시작했다. 하오칸비디오는 바이두의 든든한 지원을 받고 있고, 바이트댄스 계열의 시과비디오도 마찬가지다. 비리비리는 이미 중편 영상 시장에서 꾸준히 점유율을 높여왔고, 가장 먼저 ACG 콘텐츠 중심의 커뮤니티를 철옹성처럼 구축했기 때문에 업계의 선두 자리를 놓치지 않고 있다. 여기에 신흥 강자인 즈후는 지식형 커뮤니티를 형성하여 지식형 콘텐츠를 지향하는 사용자의 재생시간 리소스를 잠식하고 있다. 즈후는 조금 늦게 영상 업계의 레이스에 진입했지만, 기존 생태계 내에서 답변으로 존재하던 콘텐츠를 영상화하는 방법으로 자신만의 Q&A 콘텐츠 시스템을 보완해서 중편 영상과 이미지, 텍스트 콘텐츠의 상호 보완을 이뤄냈으므로 절대 가볍게 여길 수 없다. 색깔이 명확한 비리비리와 즈후가 커뮤니티가 가진 장점을 차별성으로 충분히 확보한 가운데, 시과비디오와 하오칸비디오가 계열사의 사용자 규모 및 검색 파워를 활용하여 얼마나 빠르게 세력을 키워나갈 것인지가 주요 관전 포인트가 될 수 있겠다.

사용자 성별 구성으로 본다면, 4대 플랫폼의 사용자는

모두 남성 비율이 여성보다 높다. 하지만 상대적으로 즈후 사용자의 남녀 비율이 가장 균형적인 편이다. 즈후의 남성 사용자 비율은 52퍼센트, 여성은 48퍼센트를 차지한다. 시과비디오와 비리비리의 남성 비율이 55퍼센트 정도로 즈후보다 조금 더 높고, 하오칸비디오는 남성 사용자에게 가장 편중돼 있어 남성 사용자 비율이 58퍼센트에 이른다. 지역적 분포를 보면, 즈후의 경우 1선 및 신1선 도시 사용자가 다른 3개 플랫폼보다 많다. 신1선 이상의 도시 사용자 비중이 53퍼센트에 달할 정도로 사용자의 평균 학력과 소득 수준이 높기 때문에 이에 대응하는 소비 능력 또한 높다. 이에 비해 시과비디오, 비리비리, 하오칸비디오의 신1선 이상의 도시 사용자 비율은 40퍼센트, 43퍼센트, 40퍼센트에 그친다. 특히 시과비디오와 하오칸비디오는 2~4선 도시 사용자 비중이 훨씬 큰 것이 특징이다.

연령 구성으로 보면, 4대 플랫폼의 사용자 연령은 전부 35세 이하 인구에 집중돼 있다. 시과비디오의 경우, 사용자 트래픽의 상당 부분이 바이트댄스에서 연결돼 플랫폼 간 사용자 중복률이 높으며 핵심 사용자는 31세부터 35세까지로 전체의 80퍼센트에 육박한다. 비리비리의 핵심 사용자는 주로 Z세대인 24세 이하의 젊은 사용자 그룹으로, 총 사용자 비중의 34퍼센트를 차지한다. 이는 비리비리가 2차원 문화에서 기원했고, 플랫폼 정의가 젊은 트렌드 커뮤니티라는 점과 관련이 있다. 하오칸비디오의 사용자 연령 분포는 다소 의외의 양상을 보이는데, 하오칸비디오는 시과비디오보다 비리비리와 비슷한 연령 분포를 보여주고 있다. 24세 이하 Z세대 사용자가 33퍼센트에 달하고, 25~30세 및 31~35세 사용자가 그 뒤를 잇고 있다. 즈후 사용자 연령층이 오히려 시과비디오와 비슷한데, 31~35세 사용자가 비교적 지식형 중산층에 가깝거나 높은 생활 수준을 추구하고 있기 때문인 것으로 보인다. 전반적으로 젊은 세대가 영상 업계의 주력군이 되었고, 이들이 영상을 소비하는 주요 목적은 엔터테인먼트 및 지식 획득이며 이러한 패턴이 이들의 라이프스타일을 만들고 있음을 알 수 있다.

각 플랫폼으로 유입되는 콘텐츠 시청 수요는 바이두 및 바이트댄스 검색 지수를 통해 직간접적으로 확인할 수 있다. 시과비디오로 유입되는 사용자의 수요는 비교적 광범위하여 트렌드에 부합하는 웹툰, 종합 예능, 그리고 3농 분야 및 군사 정보까지, 범지식, 범엔터, 범일상, 범육아의 4대 영역에 넓게 분포하고 있다. 비리비리는 젊은 세대의 트렌드 문화, 게임, 라이브, 2차원 문화 분야에서 우위를 점하고 있다. 하오칸비디오는 다른 플랫폼보다 연령층이 높은 편이고 주로 서민 남성 계층의 생활과 가까운 정보 및 지식에 대한 수요가 많았고, 주로 청년층인 즈후 사용자는 다양한 지식, 경험, 견해를 습득하고자 하는 경향을 보인다.

다른 세 플랫폼과 비교했을 때, 하오칸비디오는 영상 시청 기능을 강화했고, 시청자가 영상을 시청할 때 불필요한 방해가 되는 요소를 최대한 제거하여, 시청자가 현재 추천받아 시청하는 동영상에 집중하고 인기 주제에는 큰 관심을 두지 않도록 했다. 비리비리는 각종 이벤트 운영에 집중하며 마케팅을 우선시하는데, 콘텐츠 마케팅은 주로 자체제작 종합 예능, 이벤트 주제 공모, 광고 등에 치중되어 이슈를 생성하고 커뮤니티를 활성화하여 사용자의 사용시간을 늘리고 충성도를 확보하기에 유리한 환경을 조성했다. 시과비디오는 사용자가 많이 구독하는 크리에이터를 눈에 띄는 위치에 단독으로 배치해 상위 사용자를 지원하는 데 힘썼다. 대중의 이목을 끌기 위해서는 검색창에는 오직 두 가지 이슈만 띄우는 전략을 택했다. 시과비디오에 비해 즈후는 사용자가 주목하는 크리에이터에게 그리 주목하지는 않는다. 이러한 노출 방식은 사용자가 크리에이터보다는 콘텐츠 자체에 관심을 갖도록 이끌었다.

플랫폼의 화면 구성에 대해서 조금 더 이야기하자면, 시과비디오와 하오칸비디오는 모두 정보 트래픽을 1열로 나열하는 형태를 유지한다. 반면 비리비리는 영상 정보 트래픽을 다중으로 나열하는 형태를 보인다. 이는 플랫폼 내 크리에이터 분포와 사용자의 행동 경험과 관련돼 있다. 시과비디오와 하오칸비디오의 사용자는 청장년층 위주로 단열 형식의 디스플레이에 익숙한 편이다. 이 형태는 영상 콘텐츠 시청 시 주의력이 과도하게 분산되지 않도록 돕고, 다음 콘텐츠에 대한 대략적인 정보를 파악할 수 있다. 즉, 사고비용이 낮고 영상의 핵심 테마를 빠르게 파악함으로써 더 낮은 비용으로 자신이 원하는 콘텐츠를 선별하고 사용자 본인에게 더 가치 있는 콘텐츠를 선택할 수 있다.

플랫폼 운영과 연결 플랫폼 화면 구성의 특징이 더 확연하게 드러난다. 추천 알고리즘을 통해 명확하게 정보의 흐름을 제공하는 것은 랭킹 순위가 상위권인 크리에이터에게 확실히 도움이 된다. 하지만 두 플랫폼의 크리에이터 중에는 눈에 띄는 상위권 크리에이터가 많지 않다. 이것이 시과비디오와 하오칸비디오가 추구하는 방향이긴 하지만, 결론적으로 두 플랫폼 모두 상위권 크리에이터의 이미지 메이킹이 부족한 상태라고도 할 수 있다. 이에 반해 비리비리는 상위권 크리에이터가 비교적 많은 편이다. 따라서 중하위권 크리에이터들도 지원하기 위해 비리비리는 다중 나열 정보 흐름을 선택한 것이다. 이처럼 정보 밀집도를 높인 배치 방식은 사용자가 정보를 효율적으로 찾게 하므로, 플랫폼이 보유한 콘텐츠들이 전체적으로 균형 있게 발전할 수 있도록 도모하는 역할도 한다. 즈후는 지식 문답 플랫폼으로서, 텍스트 단열 방식의 정보 흐름 속에 영상 정보 흐름을 끼워 넣는 방식을 채택했다.

카테고리를 구성한 방식을 살펴보면, 시과비디오는 초기 화면에 라이브, 방역, 영화, 드라마를 전열에 배치하고, 사용자가 카테고리 위치를 조정하도록 하고 있다. 즈후의 초기 화면에는 랭킹, '좋아요' 순위, 심리, 엔터테인먼트가 전열에 배치돼 있고, 역시 사용자가 자신의 취향에 따라 카테고리 위치를 조정할 수 있다. 하오칸비디오는 시청자가 영상을 일정 시간 시청하면, 알고리즘을 통해 카테고리 태그 위치를 조정한다. 예를 들어 사용자가 유머 영상에 흥미를 보인 편이라면, 유머 영상 카테고리를 가장 전면에 배치하는 것이다. 하지만 이런 방법은 플랫폼의 커뮤니티 분위기 구축에 불리하여, 각 카테고리의 사용자들이 서로 격리되는 결과를 낳기 쉽다. 즉, 너는 너대로 나는 나대로 영상을 즐길 뿐 상호작용이 부족해지는 것이다. 한편 비리비리의 초기 화면에는 이슈, 다시 보기, 영화 등으로 카테고리가 고정되어, 사용자는 직관적이고 간단하게 카테고리를 파악할 수 있어 플랫폼이 제공하고자 하는 콘텐츠의 배열이 가능해진다는 장점이 있다.

한편 사용자가 플랫폼 내에서 검색 기능을 사용하는 목적은 더 빠르고 정확하게 자신이 원하는 영상을 찾기 위함이다. 여기서 플랫폼들은 검색 결과의 표시방식을 통해 자체적인 운영 방식이 사용자의 행동에 유의미한 영향을 주도록 의도하고 있다. 시과비디오의 검색 결과 표시방식은 영상 추천과 같은 형식으로, 개별 영상의 정보량을 키우고 선택 비용을 낮추는 데 집중돼 있다. 추가적으로 '최신', '인기', '재생시간'을 기준으로 검색 결과를 제공해 사용자가 각기 다른 환경에서 더 빠르게 원하는 영상을 찾을 수 있도록 한다. 비리비리 검색 결과의 선택 영역 배열에서는 '많이 재생된', '새로 업로드된', '댓글 자막이 가장 많은' 등의 옵션을 선택할 수 있는데, 그중 '댓글 자막이 가장 많은 옵션'은 순위가 상위권인 크리에이터의 콘텐츠가 검색될 수 있어 이들에게 유리한 옵션이다. 하오칸비디오는 영상을 시간순으로 배열해 검색 결과를 제공한다. 하지만 검색 결과의 콘텐츠에 대해 인기 검색어를 재선별하는 것은 불가능하고, 관련 단어를 추출하는 방식으로 사용자에게 더 빠르고 정확하게 영상을 제공해 준다. 즈후는 검색 페이지에서 사용자가 검색한 콘텐츠를 한 번 더 노출하며, 유사한 콘텐츠를 하나로 모아 사용자가 필요한 내용을 편리하게 검색하도록 돕는다. 이런 방식은 중하위권 크리에이터의 발전에 유리하지만 상위권 크리에이터에게는 불리하다.

4대 영상 플랫폼의 향후 발전 방향은 그들의 업데이트 로그를 통해 추측할 수 있다. 시과비디오는 더우인을 포함한 바이트댄스 계열의 끊임없는 플랫폼 내외부 자원 확충으로, 크리에이터를 중심으로 한 커뮤니티로 외연 성장을 강화할 것으로 보인다. 특히 더우인과의 연합을 통해 단편 영상과 중편 영상이 혼합돼 만들어진 새로운 모델을 기대해 볼 수도 있을 것 같다. 비리비리는 최근 업데이트한 플랫폼 소개에서 "비리비리는 더 많은 젊은 세대의 트렌드와 엔터테인먼트 문화를 지향한다"라고 밝히고 있다. 이는 비리비리가 커뮤니티의 범위를 벗어나기 위한 준비를 하고 있음을 보여준다. 해당 버전부터 시청 경험, 영상 창작, 크리에이터와 구독자의 상호작용, 커뮤니티 분위기 최적화를 시작하고, 댓글 자막 기능, 평가 기능, 캡처 공유 기능을 최적화함과 동시에, 드라마 영역을 보완했다. 비리비리는 지속적으로 중하위권 크리에이터를 격려하고 지원을 보완할 것이며, 이를 통해 보다 다양한 카테고리의 콘텐츠 작품을 선보여 플랫폼 콘텐츠 침체 문제를 해결할 뿐 아니라 끊임없이 새로운 것을 찾는 젊은 층의 트렌드에 대응하고자 할 것이다.

하오칸비디오는 지금까지 검색, 영상 재생, 영상 제작 및 라이브 기능을 최적화하며 기능적인 요소의 안정화에 집중했고, 상대적으로 이벤트 운영은 적은 편이었다. 그러나 최근 하오칸비디오는 콘텐츠 카테고리를 확장하는 전략을 세우고 이를 위해 홍보와 마케팅에 힘을 쏟고 있다. 유료 멤버십 사용자와 보다 다원화된 크리에이터를 향해 진격하는 것이다. 하오칸비디오는 크리에이터를 대대적으로 독려하고 지원할 것이며, 유료 멤버십 사용자 영입과 마케팅 이벤트를 강화할 것으로 보인다. 즈후는 2020년 11월부터 영상 콘텐츠 창작 모델을 추가하며 사용자 활성도를 높이고 기존 고객의 공감을 불러일으켜 커뮤니티 분위기를 유지했다. 또 한편 게임·영화 평론 등 새로운 분야의 콘텐츠 시장을 개척해 실용적이고 트렌디한 지식을 대중에게 전파했다. 그 외에도 시종일관 사회 이슈에 대한 실시간 모니터링을 유지하여, 커뮤니티의 틀을 깨고 새로 진입하는 사용자의 수요도 충족시켰다. 즈후는 이러한 차별화 포인트를 유지하며 지속적으로 다양한 분야의 콘텐츠를 개척하고, 콘텐츠 소스 라이브러리를 풍부히 하며, 엔터테인먼트를 즐기고 생활의 품격을 추구하는 트렌디한 젊은 세대 사용자 그룹의 플랫폼 진입을 유도할 것으로 보인다.

글로벌을 넘보는 중국 OTT 강자들: 아이치이 vs 유쿠 vs 텐센트비디오

한때 유망주로 각광받던 장편 영상 업계는 현재 안팎으로 궁시에 놀린 상태다. 몇백 개에 달하던 장편 영상 플랫폼의 치열한 경쟁 속에서 비교적 큰 수확을 거뒀던 아이치이, 유쿠, 텐센트비디오의 세 플랫폼은 갑작스럽게 한 팀을 이뤄 외부와 싸우는 전우가 됐다. 단체로 유료 회원 가입비를 인상하거나, 단편 영상 콘텐츠를 '돼지 사료'에 비유했던 것처럼 말이다. 함께 외부의 움직임에 대적하는 방식은 어느 정도 이성적인 대처법으로 보인다. 이들 세 플랫폼이 대표하는 장편 영상 업계가 현재 거대한 도전에 직면해 있기 때문이다. 비록 3대 플랫폼의 배후에는 거액의 자금을 보유한 전주가 지원을 아끼지 않고 있지만, 이들 모두 15년 연속 적자를 겪고 있는 데다 단편 영상 등 신규 업계의 등장으로, 장편 영상 업계가 한꺼번에 무너질 수도 있는 절체절명의 위기에 봉착해 있기 때문이다.

영상 업계가 엄청나게 거대한 레이싱 코스임은 의심의 여지가 없다. 통계 수치로 보면, 중국의 장편 영상 업계의 연간 총 영업이익은 1,000억 위안(19조 원) 이상으로 예측된다. 중국 장편 영상 플랫폼의 부흥과 발전은 2005년부터 시작됐다. 당시 중국 인터넷 인구가 급성장하고 있었고, TV 이외의 콘텐츠에 목말라 있던 시장 상황과 맞물려 하루에 30개씩 새로운 장편 영상 플랫폼이 생겨나도 모두가 돈을 벌 수 있는 상황이었다. 현재 3대 플랫폼이 된 아이치이, 유쿠, 텐센트비디오 3개 플랫폼뿐 아니라, 서우후搜狐, 투더우土豆, 러스왕乐视网, 56왕56网, 지둥왕激动网, PPTV, PPS 등이 이러한 영광을 함께 누렸다. 그러나 거대한 환상을 품고 발을 들인 이 업계의 플레이어 중에서, 최종적인 그 꿈을 이룬 곳은 하나도 없다. 투더우, 56왕, PPTV 등 일부는 자금 문제로 인수·합병됐고, 바오펑暴风과 러스왕 등 또 다른 일부는 과도한 확장으로 무너지고 말았다. 서우후 같은 일부는 라이선스 싸움에서 희망을 잃고 자발적으로 퇴장하기도 했다. 16년간 발전을 겪으면서, 호황기에는 몇백 개에 달했던 장편 영상 플랫폼 시장에는 이제 단 몇 개의 플랫폼만이 남아 이빨 빠진 호랑이처럼 조용히 다음 기회를 노리며 웅크리고 있다.

이들 대규모 장편 영상 플랫폼들은 설립 초기까지만 해도 각자 다양한 발전 루트를 설정했으나 종국에는 거금을 들여 구매한 라이선스로 사용자를 끌어들이는 것이 가장 주된 발전 방향으로 자리하게 됐다. 더 많은 사용자를 확보하기 위한 라이선스에 거액을 지출하면서, 3대 플랫폼의 손실은 날로 커져만 갔다. 하지만 업계 전체가 이미 15년간 연속해 손실을 이어왔음에도 불구하고 사용자의 충성도에는 큰 변화가 나타나지 않았다. 어띤 플랫폼은 10억 위안(1,900억 원)을 들여 월드컵 중계권을 따냈으나, 월드컵의 열기가 식자마자 대규모의 사용자 이탈 현상이 나타났다. 플랫폼에서는 인기 작품의 라이선스를 얻기 위해 거액의 자금을 투입했지만, 장기적인 유료 회원 수는 그만큼 성장하지 않았다. 거액의 투자는 한계 수익만 감소시켰을 뿐, 비용을 메우지는 못했다. 이는 아주 무시무시한 문제를 낳았다. 바로, 오늘날까지도 각 플랫폼에서는 수익성이라는 희망을 찾기 어려운 상황에서 계속해 자금을 굴리는 것만이 유일한 선택이 되었다는 점이다. 이제 이 업계에서는 플랫폼의 배경이 되어줄 대형 기업들의 자금력 없이는 경쟁력을 확보할 수 없게 됐다.

2021년 10월, 결국 아이치이는 드라마 미리보기 서비스를 폐지함과 동시에, 회원에게 보이는 콘텐츠 홍보 영상을 없애기로 했다. 그 후, 유쿠도 성명을 통해 드라마 미리보기 서비스를 없앴고, 텐센트비디오 역시 이 서비스를 폐지하고 미리보기 콘텐츠 업데이트를 중단한다고 밝혔다. 2년이 조금 넘는 시간을 버텼지만, 분쟁이 끊이지 않았던 미리보기 논란은 이것으로 종지부를 찍게 됐다. 아이치이의 CEO 공위는 미리보기 모델 폐지에 대해 "단기적으로 손실을 보더라도 회원의 소비 경험과 만족도를 지속적으로 제고하는 것이 우리의 장기적 목표"라고 밝혔다. 미리보기 모델 폐지는 즉각 플랫폼들의 수익 감소를 초래했다.

사실 2019년 〈진정령〉이 인기를 얻고 있을 때, 텐센트비디오는 미리보기 모델을 통해 7,000만 위안(133억 원)이 넘는 수익을 챙겼다. 이후 2년 동안 미리보기 모델은 장기적인 손실을 면치 못하던 영상 플랫폼들에게 가뭄의 단비 같은 역할을 했던 것이다. 따라서 미리보기 모델을 영상 플랫폼의 콘텐츠 보유량 경쟁 단계에서 사용자 가치를 발굴하기 위한 조치 중 하나로 볼 수도 있었다. 그러나 사용자들의 소송과 소비자보호위원회, 중국소비자협회까지 이 모델의 합리성을 둘러싼 논쟁이 계속됐다. 고심 끝에, 영상 플랫폼들은 결국 미리보기 모델의 폐지를 결정해 사회적인 논란을 잠재우고, 시장에 답안을 제시하게 된 것이다.

문화 엔터테인먼트 산업에 종사하는 모든 중국 회사가 '디즈니 드림'을 꿈꿨다면, 중국 장편 영상 플랫폼은 전부 '넷플릭스 드림'을 꿈꾼다고 볼 수 있다. 온라인 CD 대여 업무로 시작한 넷플릭스는 외부에서 라이선스를 구매하던 초기 단계를 지나, 2013년부터 자체제작 드라마를 통해 커다란 성공을 거뒀다. 특히 〈하우스 오브 카드〉, 〈투 브로크 걸스〉, 〈브레이킹 배드〉, 〈더 크라운〉 등 우수한 드라마가 수차례 전미 무대에서 수상을 휩쓸면서 성공적으로 IP 운영이 가능하다는 사실을 연속해서 증명해 냈다. 넷플릭스가 자체로 제작한 드라마는 품질 보증의 상징이 됐고, 계속해서 신규 사용자를 유입시키고 기존 고객을 유지하게 하는 넷플릭스만의 필살기가 됐다. 넷플릭스 모델은 중국 플레이어들에게 더 많은 깨달음과 용기를 북돋워 주었다. 특히 2012년 하반기부터, 장편 영상 플랫폼들은 점차 드라마 제작에 뛰어들게 됐는데, 자체제작 방식은 영상 플랫폼들이 콘텐츠 구매 비용을 줄일 수 있는 길이었을 뿐만 아니라, 라이선스 수출, 광고 삽입 등을 통해 투자를 회수할 방법이기도 했다. 또한, 회원 수를 늘리고 회원의 소비를 증가시키는 요인으로 작용하기도 했다. 그러나 아이치이, 유쿠, 텐센트비디오의 3대 플랫폼을 보면, 최근 비록 자체제작 드라마와 종합 예능에 힘을 쏟고는 있지만, 여전히 수적인 면이나 품질 면에서는 넷플릭스와는 상당한 거리를 보인다. 이는 각 플랫폼이 자체제작을 통한 수익 구조를 완성하지 못하는 이유다.

장편 영상 플랫폼들이 콘텐츠 보유량 운영 시대에 접어들고 IP 산업의 체인 개발이 성숙해짐에 따라, IP 가치 증대에 대한 탐색은 더 많은 사업모델을 파생시켰다. 따라서 이제는 생선 한 마리로 다양한 음식을 즐기는 풍조가 장편 영상 플랫폼들의 공통적 선택이 됐다. 예를 들어 아이치이는 '생선 한 마리를 다양하게 먹는다'는 가치 아래, IP 개발의 영역을 문학, 웹툰, 영상 등 산업 체인까지 확장시켰다. 유쿠 역시 IP 매트릭스를 만들고, IP 통합 운영을 진행했다. 〈진시명월지망〉, 〈소년가행〉 같은 애니메이션 IP 시리즈가 그 예다. 그 밖에도 유쿠는 콘텐츠 IP를 원동력으로 알리바바 이커머스, 신소매 자원을 개통하고 사용자 체인과 플랫폼, 제3자 데이터와의 연계를 통해 IP 전 체인 마케팅을 실현했다. 또 문화, 오락 IP를 상

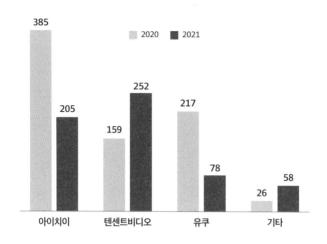

[그림 4.3] 장편 영상 플랫폼 내 영화 상영작 수량 비교.

업화하여 브랜드 마케팅에 활용했다. 텐센트비디오도 마찬가지로, 다양한 IP를 개발할 계획이 있다. 예를 들어 슈퍼 IP인 『삼체』, 『귀취등』 관련 콘텐츠를 개발하고, 〈투라대륙〉 시리즈에 관한 산업 체인을 개발했으며, 〈사등〉의 작가 웨이위尾鱼와 공동으로 〈사월간사〉, 〈서출옥문〉 등 드라마를 개발했다. 그뿐만 아니라, 〈리그 오브 레전드〉이라는 대형 IP 게임을 기반으로 제작한 영상처럼 거대한 부가가치를 확장할 가능성을 내비치고 있다.

씨앗을 뿌리는 마케팅 플랫폼:
웨이보 vs 샤오홍슈

점점 더 많은 브랜드가 온라인 마케팅의 혁신에 주목하고 있다. 전통 브랜드의 빅 아이디어 혁신 시대에서 모바일 및 인터넷을 기반으로 한 신흥 브랜드의 디지털 마케팅 시대를 거쳐, 현재 시장을 주도하는 신소비 브랜드가 브랜드 이미지 제고를 추구하면서 온라인 마케팅이 다시금 주목받게 된 것이다. 그러나 지금처럼 계속해 분할·조각화·탈중심화되는 미디어 플랫폼의 시대에서 새로운 마케팅 솔루션에 익숙하지 않은 브랜드들은 막막함을 느낄 수밖에 없다. 다양한 마케팅 방식과 플랫폼 속에서 브랜드 마케팅 솔루션을 수립할 때, 과연 어느 플랫폼을 선택하고 이용해야 효율적일까? 지금 중국에서 가장 뜨거운 온라인 마케팅 플랫폼인 웨이보와 샤오홍슈, 두 플랫폼을 통해 그 답을 알아보자.

대중이 생각하는 웨이보에 대한 이미지는 날로 확고해지고 있다. 웨이보는 토론과 취미가 복합된 커뮤니티로서 거의 모든 인터넷 이슈들이 웨이보에서 대규모로 숙성되고 토론 대상이 된다. 연예인을 내세워 브랜드 테마를 전파하거나, 사회 이슈에 관한 토론을 진행하는 것 등이 그 예다. 웨이보에서 이런 정보를 발표하면, 각 분야 랭킹의 상위권 인플루언서들이 웨이보 브랜드 추천관의 신분으로 각자의 웨이보 계정에 웨이보 브랜드 번호를 포스팅한다. 여기에는 관샤오통^{关晓彤}, 린윈^{林允} 등 스타들도 참여한다. 이것은 웨이보 브랜드 번호를 홍보하기 위해 기획된 이슈 전파 작업으로, 연예인과 스타의 영향력을 빌려 이슈를 신속하게 퍼뜨리는 것이다. 인터넷이 급격하게 발전함에 따라, 현재 우리는 자산을 모두 디지털화하는 시대에 살고 있다. 광고는 더 이상 단순하게 투입만을 강조하는 것이 아니라, 장기적으로 상호 관계를 수립하는 쪽으로 전환되고 있다. 브랜드도 역시 단순히 트래픽 증가가 아니라, 마케팅 전략을 통해 구매로까지 전환될 가능성이 있는지, 소비자와의 신뢰를 형성할 수 있는지, 이로써 브랜드의 영향력을 제고할 수 있는지에 주목하고 있다. 투입 단계에서 브랜드가 가장 주목하는 것은 당연히 투자자본수익률^{ROI}다. ROI만 충분하다면 브랜드에 계속해 자본을 투입할 수 있기 때문이다. 퍼펙트 다이어리와 화시즈^{花西子} 같은 브랜드가 이에 가장 걸맞은 예시다. 초기에는 비교적 적은 비용으로도 효과적으로 트래픽을 확보해 단기간에 성장한 브랜드도 시장이 끊임없이 발전하고 신흥 브랜드들이 등장하면서 트래픽으로 인한 이윤을 잃고 말았다. 투입 대비 구매비용은 급격히 상승했으나, 브랜드가 얻는 프리미엄은 높지 않았다. 이는 ROI의 감소로 이어지고, 투입을 더 어렵게 만드는 원인이었다. 트래픽의 본질은 주목도이고, 구매 트래픽의 본질은 주목을 받고 판매하는 것이다. 신호 자극이 강할수록 주목도는 커진다. 신호 자극이 오래될수록 주목도는 약해진다. 즉, 이는 트래픽이 정확할수록 구매 전환율은 높아진다는 것을 뜻한다.

현재 미디어와 대중들은 극도로 분산돼 있다. 이러한 상황 속에서 여러 브랜드들은 지속해서 타깃 사용자들의 주의를 끌기 위해, 빠르게 전달되고 대중을 유입시킬 콘텐츠를 생산하고 있다. 특히 브랜드 설립 초기에는 신속하게 사용자를 끌어들여 브랜드에 대한 대중의 인지도를 높이기 위해, 웨이보에서 재미있는 인기 검색어로 토론을 시작하거나, 연예인과 관련된 화제를 전파하는 것이 적절하다. 빠르게 사용자의 눈길을 사로잡고 마케팅 영역을 확장하기 위함이다. 가령 웨이보의 쥐바오펀聚宝盆은 연예인이나 인플루언서의 블로그 포스팅을 연결하여 셀럽이 보유한 팬의 영향력을 기초로, 다른 대중에게 콘텐츠를 퍼뜨린다. 이로써 정보성 트래픽 광고 외에도 자연스럽게 트래픽을 형성하고, 보다 많은 타깃 사용자를 확보해 브랜드 마케팅 확장을 이루도록 한다.

그렇다면 신흥 커뮤니티 플랫폼과 단편 영상 플랫폼이 부흥하는데도 어째서 많은 브랜드가 브랜드 커뮤니티로 여전히 웨이보를 선택하는 걸까? 한동안 웨이보 마케팅 부책임자였던 거징둥葛景栋은 "브랜드의 눈으로 소비자를 통찰하고 장기적 효과가 있는 브랜드 커뮤니티 자산을 축적해야 한다"라고 밝혔다. 그의 말은 웨이보 마케팅만의 차별화된 가치관을 대변한다. 웨이보에서는 브랜드를 많이 노출할수록 사용자와의 관계와 신뢰를 구축할 수 있고, 브랜드 소속감을 강화할 뿐 아니라 브랜드 자산을 축적하여 브랜드 인지도와 가치를 인정받을 수 있다는 것이다.

웨이보가 브랜드를 홍보하는 확성기라면, 샤오홍슈는 일상 속 좋은 물건을 검색하는 익스플로러의 역할을 한다. 커뮤니티 추천과 취미형 소비의 콘텐츠 로직에 기반한 샤오홍슈는 커뮤니티 능력이 강력하고 커뮤니티형 이커머스에서 명확하게 우세를 보인다. 게다가 미용, 뷰티, 식품, 디지털 가전 등 업계 브랜드가 가장 원하는 소비자 그룹을 보유하고 있기도 하다. 샤오홍슈의 브랜드 홍보를 이야기하려면 KOL^Key Opinion Leader*이 빠질 수 없다. 기본적으로 대량의 KOC^Key Opinion Customer** 콘텐츠를 깔아놓고, 단편 영상 및 라이브커머스에 선보여야만, 신소비 트렌드 흐름 안에서 브랜드를 안착시킬 수 있다는 것이 현재 업계의 정설이다. 이 말은 간단하면서도 정확하게, 현재 여러 브랜드가 택한 운영 전략의 방향을 요약하

---

* 일정 팬덤 규모를 갖춘 영향력 있는 인플루언서를 뜻한다.
** KOC는 팔로위 수는 적어 개별직인 파급력이 약하지만 구매력을 보유한 파워 소비자를 뜻한다.

고 있다. 샤오훙슈의 전략은 사실 무척 단순하다. 인기 아이템에 대한 포스팅을 만드는 것이다. 웨이보와 달리, 브랜드의 목소리로 사용자의 소비를 유도하지 않는다. 샤오훙슈의 마케팅 체인은 사용자의 입소문을 통해 브랜드를 전파하는 방

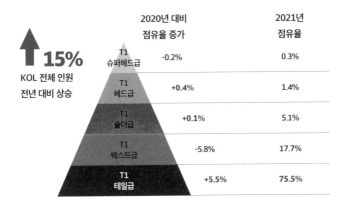

[그림 4.4] 중국 내 인플루언서 분포도와 플랫폼별 구독자 수 구간.

식이다. 따라서 신규 브랜드가 샤오홍슈에서 가장 흔하게 사용하는 방법은, 적은 수의 KOL로 화제를 이끌어서 브랜드를 알리고, 대량의 KOC 콘텐츠들로 입소문을 내는 것이다. 그리고 중간에 KOL을 중점적으로 투입하여 이슈가 될 만한 포스팅을 만들고 트렌드와 이슈를 형성하는 것이다. 사용자의 실제 사용 경험은 더 많은 사용자의 이목을 집중시켜, 플랫폼 내외 소비 전환을 유도하는 결과를 낳는다.

여기서 이슈가 될 만한 포스팅을 위한 중요한 전제 조건은, 사용자의 가치 수요를 파악하여 사용자에게 일정한 가치를 제공할 수 있어야 한다는 점이다. 샤오홍슈의 뷰티 인플루언서가 인기를 누리는 이유가 무엇일까? 바로 대부분 사용자의 가려운 부분을 긁어주기 때문이다. 어떻게 하면 더 예뻐질수 있는지 말이다. 예를 들어, 청스안程+安의 경우, 그녀가 올린 〈아티스트급 메이크업〉커리큘럼 동영상은 각종 플랫폼에서 광범위하게 큰 호응을 얻었다. 사용자들이 필요로 했던 아주 세세한 부분까지 담아냈고, 이러한 전문성과 더불어 진정성 있는 그녀의 태도 역시 계정 구독자를 끊임없이 유입시키는 핵심 요소로 작용했다. 이것이 바로 KOL이 사용자에게 제공하는 가치다. 이처럼 브랜드는 KOL의 콘텐츠 파급력을 통해 제품의 가치를 전하고 사용자의 신뢰를 얻어 소비심리를 자극함으로써 그들이 자발적으로 제품을 검색하고 구매하게 의도한다.

샤오홍슈의 KOL 추천이 사용자와 브랜드의 이목을 집중시킬 수 있었던 것은 이처럼 끝없이 생산되는 우수한 콘텐츠 덕분이었다. 이는 샤오홍슈의 마케팅 가치이자, 제품에 관한 가장 현실적인 마케팅으로, 이슈가 될 만한 아이템을 만들고 사용자의 소비 결정을 도움으로써, 최종적으로 브랜드의 성장을 이끌고 브랜드 경쟁력을 만들어 낸다.

정리하자면, 웨이보가 자연스럽게 조성하는 여론 효과는 이슈에 대한 관심도를 최대화하고, 다양한 생각이 교류하고 충돌하는 장을 제공한다. 브랜드는 웨이보의 인기 검색어, 브랜드 테마 등을 통해 여론의 폭을 넓힌다. 웨이보는 핫이슈에 대한 토론의 장이 되고, 브랜드 테마를 확장하는 데 일조한다. 반면 샤오홍슈는 라이프스타일 플랫폼이자 브랜드와 사용자의 연결고리 역할을 하며 사용자가 브랜드를 소비할 수 있도록 소통의 장 역할을 담당한다. 샤오홍슈의 콘텐츠 추천 및 공유 메커니즘은 사용자의 흥미와 구매욕을 자극한다. 플랫폼의 정보 알고리즘은 사용자의 태그에 따라 적절하고 다양한 정보를 제공하는데, 그 알고리즘의 바탕에는 사용자의 일상생활이 녹아 있다. 이는 결국 브랜드를 이슈화하고 트렌드를 창조하는 데까지 이른다. 웨이보와 샤오홍슈의 이러한 차이점을 잘 이해하면 브랜드의 마케팅 전략을 수립하는 데 더 효과적인 방법을 도출할 수 있을 것이다.

음악도 콘텐츠니까 빼먹을 수 없지: QQ뮤직 vs 쿠거우뮤직 vs 왕이윈뮤직

음악은 사람들의 일상 속에서 빠질 수 없는 즐거움이다. 듣기 좋은 한 곡의 음악은 사람의 기분을 바꿀 수 있다. 따라서 각 ICT 회사들은 음악 시장에 주목하며 해당 업계에 자리 잡기를 희망하고 있다. 최근 들어 전 세계에서 무수히 많은, 크고 작은 뮤직 플레이어들이 경쟁 중이다. 중국의 시장도 마찬가지인데 중국 음악 스트리밍 플랫폼의 3인방으로 불리는 QQ뮤직, 쿠거우뮤직, 왕이윈뮤직은 차별화 전략으로 이 시장을 이끌고 있다.

QQ뮤직은 텐센트 산하의 음악 스트리밍 플랫폼이다. QQ뮤직은 플랫폼에 더 많은 음악 애호가들을 유입시키며 지속적인 성장을 이뤄내고 있다. QQ뮤직과 DTS˚가 공동으로 내놓은 'DTS 익스트림' 음향 효과는 목소리를 더욱 무겁게 하고 입체적으로 들리게 하는 서라운딩 효과를 강화한

˚   디지털 음향 시스템을 시작으로 다양한 음향 기술을 개발하고 판매하는 기업이다.

다. 클로징 모드, 와이드 모드, 프런트 모드까지의 세 가지 모드가 있으며, 다양한 모드와 이어폰을 연결하고 이퀄라이저를 선택해 음악과 음향 효과의 완벽한 하모니를 즐길 수 있다. 또 QQ뮤직만의 음악 검색 및 추천 기능은 최근 가장 인기가 많은 음악을 즐길 수 있도록 돕는다. QQ뮤직의 사용자 대부분은 취향이 비교적 대중적이고, 자신이 좋아하는 아이돌이 있으며, 음질이나 뮤직 라이브러리에 신경 쓰는 편이다. 이에 QQ뮤직은 뮤직 라이브러리를 통해 사용자의 청취 수요를 충족시키는 것을 핵심 전략으로 추진하고 있다. 그 결과 QQ뮤직의 최대 장점이자 차별화 전략은 모든 플랫폼 중에서 가장 폭넓은 뮤직 라이브러리를 보유하고 있다는 점이 되었다.

쿠거우뮤직은 QQ뮤직보다 1년 먼저 출시된 구식 음악 소프트웨어임에도 1970~1980년대에 태어난 사용자들의 전폭적인 지지를 받으며 굳건히 자리를 지키고 있다. 쿠거우뮤직의 인터페이스 테마는 파란색과 흰색으로 구성되어 시원한 느낌을 준다. 간단한 인터페이스는 사용자에게 편안함을 선사하며, 좋아하는 가수의 사진으로 배경을 바꿀 수도 있다. 쿠거우뮤직에서는 각자의 습관에 따라 다양한 음향 효과를 선택할 수 있어, 독특한 청취 경험을 누릴 수도 있다. 쿠거우뮤직을 다른 플랫폼들과 비교한다면, 자동변속기도 물론 편리하지만, 수동변속기를 통해 느끼는 세밀한 운전 경험은 편리함 그 이상이라는 말로 설명할 수 있을 것 같다. 쿠거우뮤직은 전문가다.

2014년, 앞의 두 플랫폼과 10년 터울의 파릇파릇한 신참 왕이윈뮤직이 탄생했다. 당시 음악 스트리밍 시장은 이미 상대적으로 성숙기에 접어들었지만, 왕이윈뮤직은 젊은 계층에게 고품질의 음악을 제공하겠다는 전략으로 과감히 도전장을 냈다. 왕이윈뮤직의 사용자 연령대는 주로 1990~2000년대생에 치중돼 있다. 왕이윈뮤직을 실행하면 천천히 회전하는 검은색 레코드플레이어가 나타나고 복고풍의 홍백색 배경이 눈길을 끈다. 고가의 이어폰, 마이크, 오디오 등 전문 설비를 구매하고 싶어 하는 젊은 세대의 감성을 충족시키기 위한 장치다. 왕이윈뮤직이 가장 강점으로 내세우는 것은 스토리식 평론이다. 각각의 평가가 전부 하나의 스토리가 되고, 아름다운 음악과 마음을 움직이는 스토리가 함께 어우러져 사용자를 새로운 세계로 초대한다. 따라서 왕이윈뮤직 사용자들은 이 플랫폼을 왕이윈마을이라는 뜻의 별명 '윈춘云村'이라고 부른다. 또 왕이윈은 끊임없이 커뮤니티 영역으로까지 기능을 확장하면서, 매일 사용자에게 음악적 취향이 비슷한 다른 사용자를 추천해 준다. 이 역시 왕이윈뮤직이 음악 플랫폼 시장에서 빠른 속도로 입지를 굳히고 사람들의 마음에 깊은 인상을 남길 수 있었던 이유다.

2020년, 왕이윈뮤직의 윈춘 커뮤니티는 음악, 이미지, 영상, 음성 등 다양한 형식을 하나로 통합한 엠로그^{Mlog}를 선보여 사용자의 호평을 받았다. 윈춘에서 음악은 콘텐츠의 캐리어일 뿐 아니라, 각각의 음악을 즐기는 사람들이 자신을 표현하고 일상을 기록하는 하나의 방법이다. 엠로그는 간단하고 조작하기 쉬워 음악적 표현과 창작의 문턱을 낮췄고, 음악이 듣기만 하는 대상이 아니라 보고 떠들고 말할 수 있는 대상임을 보여줬다. 사용자의 욕구를 적절히 저격한 '보이는 음악' 시리즈 기획은 양질의 음악 영상 단편을 엄선하여, 음악이 하나의 화면으로 표현될 수 있음을 알렸다. 1분기부터 사용자로부터 인기를 얻은 이 시리즈 이벤트는 2분기에 더욱 열렬한 반응을 얻어냈다. 이로써 수많은 사용자와 뮤지션 들이 왕이윈뮤직에 대량의 고품격 엠로그 콘텐츠를 업로드하게 됐다.

음악을 들으면서 영상을 볼 수 있는 엠로그는 사용자에게 몰입도 높은 음악적 경험을 선사하고 있다. 리메이크와 MV 형태로 음악을 표현할 뿐 아니라, 사진작가들이 제공하는 사진을 통해 사용자들은 도쿄부터 프랑스 남부를 넘어 중국 운남성까지, 산과 강, 바다 같은 장엄한 자연경관까지 감상할 수 있다. 음악이 녹아든 더 많은 영상 편집 작품들이 하나로 합쳐지고 재구성되면서, 사용자에게 전혀 새로운 시청각적 경험을 선사하는 것이다. 음악의 본질은 정서와 관련돼 있

[그림 4.5] 왕이윈 엠로그 이벤트 포스터.

다. 우리는 음악을 들을 때 강렬한 정서적 공감을 얻는다. 왕이윈뮤직은 사용자의 정서적 욕구를 절묘하게 꿰뚫었다. 음악을 영상화한 뒤, 고품질의 영상으로 2차 창작을 진행하게 하고 음악을 공유하는 행위까지로 확장했다. 이처럼 충성도 높은 커뮤니티 분위기, 혁신적인 엠로그, 정확한 맞춤형 추천을 통해 왕이윈뮤직은 음악 애호가들의 창작, 교류, 공유를 위한 옥토를 제공했다는 평가를 받는다.

음악 스트리밍 플랫폼의 특징을 한마디로 정리하자면 다

음과 같다. QQ뮤직은 뮤직 라이브러리가 방대하다. 라이브러리, 음질, 개인화 서비스 등은 사용자에게 편리성과 편안함을 제공한다. 대다수 사용자의 최종 목적은 결국 음악을 듣는 것이다. 따라서 과도하게 문예적 분위기를 형성하거나 과도한 상업화 유료 패키지를 선보이면, 본질에서 벗어났다는 이유로 사용자의 불만을 사게 될 수도 있다. 쿠거우뮤직은 음향 효과가 좋다. 쿠거우뮤직의 음질은 뛰어난 이퀄라이저 기능을 자랑하며 다양한 환경에 따라 옵션을 선택할 수 있다. 그렇다고 문제가 없는 것은 아니다. 아직 많은 음향 효과에 최적화가 필요할 뿐 아니라, 두세 가지 음향 효과가 과도하게 중첩되는 상황도 자주 발생하므로, 이에 대한 개선도 필요하다. 왕이윈뮤직은 독특한 개성을 갖고 있다. 가장 특징적인 것은 왕이윈 이슈 평론 및 개인화 추천 기능이다. 사용자의 선곡 취향에 맞춰 음악을 추천해 주기 때문이다. 비록 왕이윈뮤직이 라이선스 부분에서는 그리 강세를 보이지 못해 많은 음악에 대한 라이선스를 취득하지는 못했지만, 결국 강한 커뮤니티 왕국이 되는 길을 택했고, 성공했다. 왕이윈은 라이선스 대신 민심을 얻었다. 음악을 다양한 형태로 커버하는 콘텐츠 크리에이터들의 성장세를 잘 파악한 왕이윈뮤직의 선택은 시간이 갈수록 정답에 가까운 결과를 얻을 것으로 보인다.

마케팅과 커머스는 누가 더 잘해?: 이커머스 플랫폼 vs 콘텐츠 플랫폼

2020년부터 대량의 브랜드가 디지털로 전환을 시작하면서 온라인 채널 규모를 확장했다. 70퍼센트가 넘는 브랜드가 2021년 기준으로 온라인 마케팅 투자를 늘렸고, 투자를 늘린 것으로 미루어 보았을 때 브랜드의 온라인 마케팅에 대한 결심과 의지를 엿볼 수 있다. 2021년, 더우인, 샤오홍슈, 타오바오 플랫폼에서의 브랜드 마케팅 비중은 눈에 띄게 증가했으며, 70퍼센트가 넘는 브랜드가 더우인에 중점적으로 투자를 진행했다. 이커머스 플랫폼에서 콘텐츠 플랫폼까지, 브랜드는 다양한 채널을 통한 전방위적 마케팅을 진행 중이다. 특히 플랫폼들 사이에서 이뤄지는 연계와 협업을 통해 온라인 마케팅 접점 활용 전략에 집중하고 있다. 이는 브랜드가 다양한 채널을 통해 자신의 카테고리와 레이스에 맞는 마케팅을 연속적으로 계획하고 있을 뿐 아니라, 플랫폼에 더 높은 수준의 마케팅 효과를 요구한다는 것을 의미한다.

기존의 이커머스와 콘텐츠 플랫폼이 가진 단일 기능만으로는 브랜드의 온라인 마케팅 수요를 충족시킬 수 없었다. 따라서 2021년 콘텐츠 플랫폼은 과감하고도 신중한 태도로 이커머스 영역에 진입하기 시작했다. 타오바오, JD닷컴 등 전통 이커머스 플랫폼 역시 서둘러 단편 영상, 이미지, 텍스트 콘텐츠와의 연결을 시도했다. 이러한 상호융합은 플랫폼 자체의 상업화에 새로운 동력을 제공했을 뿐 아니라, 여러 브랜드가 온라인 마케팅 모델을 설계하는 데에도 더욱 다양한 선택지를 제공했다. 명확한 것은 2021년 트래픽으로 얻는 이윤이 쇠퇴국면을 맞이하면서, 온라인 마케팅이 각 브랜드의 핵심 전략으로 떠올랐다는 점이다. 이를 바탕으로 최근의 이커머스 플랫폼과 콘텐츠 플랫폼의 생태를 살펴보면, 모든 플랫폼에서 라이브, 단편 영상, 인플루언서 투입 등의 마케팅 방식을 도입했고 이 전략이 각 플랫폼에서 공유하는 하나의 트렌드가 되었음을 알 수 있다. 전면적으로 소비자와의 접점을 공략하고 이를 정교하게 운영하는 방식이 브랜드의 온라인 마케팅 전략 중 중요한 요소로 자리 잡게 된 것이다.

이처럼 트래픽과 시장의 변화는 이커머스 플랫폼이 콘텐츠 플랫폼을 흡수하도록 도우며 마케팅 전략의 혁신을 가져왔다. 단편 영상 외에도, 타오바오는 플랫폼 내에서 더 적합한 콘텐츠를 제작하는 추천형 메커니즘을 구성했다. 2020년 말, 모바일 타오바오는 정식으로 출시되면서 기존 판매자 커뮤니티를 '둘러보기'* 기능으로 승격시키고, 하단에 추가한 메뉴

---

* 판매자 리스트를 보여주던 커뮤니티가 판매자의 상품을 둘러볼 수 있는 형태로 변경되었다.

로 콘텐츠 플랫폼을 구성했다. '둘러보기'의 탄생은 타오바오가 추천 메커니즘 생태계로의 발걸음을 내딛었음을 의미한다. 2021년 중국의 대규모 쇼핑데이인 11월 11일과 12월 12일을 기념하는 기간 동안 '둘러보기'는 온라인 시리즈 추천 테마를 연결해 콘텐츠 추천부터 원 클릭 주문까지 하나의 폐쇄형 루프를 구성했다. 타오바오 공식 사이트 데이터에 따르면 2021년 618 기간에, 타오바오 콘텐츠 배포량은 이미 1,000만 회차를 넘어섰고 추천 콘텐츠가 커버하는 활성 업체 수는 50만 개에 달했다. 이는 4월 크리에이터 수보다 14배 늘어난 것이다. 2021년 12.12 기간에, '둘러보기'는 추천상점 기능을 추가로 선보였고, 플랫폼 내에서 자연스럽게 트래픽 우위를 점할 수 있었다. 동시에 플랫폼이 빈번하게 지원한 여러 이벤트로, '둘러보기'는 나쁘지 않은 월간 활성도를 보였다. 비록 월간 활성도 데이터에서는 앞섰지만, 타오바오가 구축한 추천 메커니즘 생태계의 첫 번째 플랫폼인 '둘러보기'는 샤오홍슈를 대체할 수준에 미치지는 못했다. 일부 브랜드의 입장에서 본다면, 추천 효과는 샤오홍슈에 비할 바가 아니었기 때문이다.

그렇다면 '둘러보기'는 시장에 어떤 효과를 가져왔는가? 이커머스 플랫폼의 각도에서 보면, '둘러보기'와 같은 콘텐츠 영역은 플랫폼에 새롭고 활발한 트래픽을 제공한다는 실질적 효과를 증명해 줬다. 그뿐만 아니라 '둘러보기'는 추천 상품이

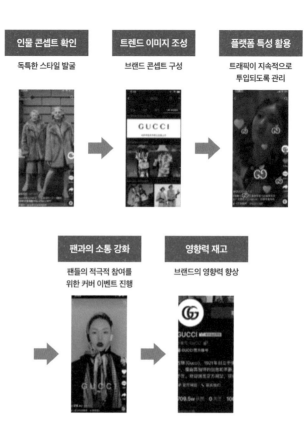

[그림 4.6] 브랜드가 콘텐츠에서 커머스로 트래픽을 연결해 가는 과정.

실제 주문으로 전환되는 주기를 단축시키는 긍정적인 효과도 가져왔다.

2021년 618과 11.11 대규모 쇼핑기간 동안, JD닷컴은 텐센트, 망고TV, 더우인 등 콘텐츠 플랫폼들과 콘텐츠 협력을 진행했고, 웨이신 영상 계정, 웨이신 영화, 영상 파생작품, 종합 예능, 오리지널 음악 오디션 등 다양한 콘텐츠의 형태로 플랫폼 콘텐츠 추천 능력을 보완하고자 힘썼다. JD닷컴이 종합 예능 IP를 바탕으로 엔터테인먼트 마케팅 분야에서 눈에 띄는 활약을 보였던 2021년, JD닷컴은 스폰서 신분으로 종합 예능 IP를 다루며 이를 통해 유입된 트래픽을 상점으로 연결했다. 예를 들어, JD닷컴 내에서 온라인 최고 예능으로 꼽혔던 〈1년 1회 코미디 오디션一年一度喜劇大賽〉라는 프로그램의 경우, 프로그램 소개 페이지에서 스크롤을 아래로 내리면 JD닷컴 전속 웃음 상점이 표시된다. 618 기간에는 망고TV와 연합하여 〈경기탐비야京奇探秘夜〉라는 게이밍 쇼를 방송하며 JD 618 홈케어, 사치품, 트렌드, 뷰티 제품을 게이밍 환경과 도구에 접목시켰고 라이브 페이지에 실시간으로 링크를 추가하기도 했다.

이커머스 플랫폼이 공격적으로 콘텐츠화를 시도하자, 이에 맞불을 놓는 작전으로 콘텐츠 플랫폼 역시 이커머스 사업에 진입하기 시작했다. 2020년 단편 영상 플랫폼 광고 시장 점유율은 17.4퍼센트에 달했다. 아이리서치 보고서에 따르면, 이는 단편 영상 플랫폼 광고가 최초로 검색엔진 광고의 점유율을 뛰어넘고 이커머스 광고의 뒤를 이어 2위를 차지한 것이라고 한다. 이러한 상황에는 이유가 있다. 단편 영상 플랫폼의 광고 투입은 주로 '교육'과 '게임' 두 가지로 구성돼 있다. 하지만 2021년 셧다운 정책의 출범으로 교육 업계는 새 국면을 맞게 됐고, 새로 수정된 미성년자 보호법이 발표되면서 게임 산업에도 제동이 걸리며 침체기가 시작된 것이다. 이러한 정세의 변화에 대응하고 다원적인 수익 구조로 경영 리스크를 줄이기 위해, 콘텐츠 플랫폼은 이커머스와의 연계를 가속화했다.

더우인은 2020년 하반기부터 라이브 채널에 노출되던 외부의 이커머스 링크를 없애고, 2021년에는 판매자 라이브, 쇼핑축제 이벤트 참여, 더우인 전용 이커머스 브랜드 출시를 장려하기 시작했다. 더우인과 다르게 콰이쇼우의 상업화는 비교적 늦게 시작되었다. 콰이쇼우는 라이브쇼 의존도를 분산시키기 위해 최근 1년간 광고 수입에 지속적으로 공을 들여 나쁘지 않은 성과를 거뒀다. 2021년 콰이쇼우는 사람, 제품, 장소를 위주로 이커머스 생태계를 구축했고 보다 많은 판매자를 유입시켜, 판매자와 제품에 대한 사용자의 신뢰도 문제를 해결했다. 비리비리와 샤오홍슈도 마찬가지로 새로운 성장 동력을 개척해야만 했다. 비리비리는 자체 보유한 IP의 이커머스 업무 처리량이 제한적이었고, 크리에이터에게 새로운 상업 기회를 제공해야 했다. 샤오홍슈는 오랫동안 진행한 상업화에 난항을 겪었기 때문에 단순하게 트래픽만 구매하는 플랫폼으로 전락하는 것을 원치 않았다. 따라서 광고 수익이 정체기에 빠진 더우인이나, 트래픽 수익화가 절박한 콰이쇼우, 비리비리, 샤오훙슈 등 콘텐츠 플랫폼에게 이커머스화는 피할 수 없는 시대적 흐름이 되고 말았다.

사용자가 콘텐츠에 기반하여 제품에 흥미를 갖게 하는 방식으로, 더우인은 취향 이커머스의 개념을 탄생시켰다. 2021년 더우인은 대대적으로 판매자 자체 방송을 독려하면서 다양한 카테고리 지원정책을 내놓고, 대량의 서비스 업체, 온라인 더우인페이를 도입하여 플랫폼 내 거래 루프를 형성했다. 2021년 8월, 더우인 사용자 페이지의 더우인 상점 액세스 포인트가 더우인 스토어로 업그레이드됐다. 기존 더우인의 추천 콘텐츠 이커머스 형태와는 반대로, 더우인 스토어는 진열 대형 이커머스에 가깝다. 스토어 페이지는 카테고리를 정렬하여 타오바오와 비슷한 구조를 보였다. 이미지 제품과 베스트 품목 리스트가 있고 라이브 콘텐츠도 있다. 그 밖에, 스토어에 검색어의 중요도가 반영되어, 사용자는 검색어를 통해 제품을 선택하고 구매할 수 있으며, 검색 후에는 해당 제품의 단편 영상 또는 현재 라이브커머스에서 진행 중인 생방송으로 화면을 전환할 수 있다. 자체 이커머스를 기반으로 더우인은 더우인 스토어 공식 라이브 채널도 추가로 개설했다. 이것은 타오바오 플랫폼의 텐마오마켓天猫超市·T-mall , 쥐화쉬안聚划算 등 플랫폼의 공식 라이브 채널과 유사한 형태다. 2021년 하반기, 더우인 스토어 출시 후 첫 번째 818 쇼핑 페스티벌 기간, 해당 라이브커머스의 활동이 두드러졌으며, 당월 라이브커머스 상품 거래액gross merchandise volume·GMV는 1.1억 위안(209억 원)을 넘어섰다.

2021년, 콰이쇼우는 신용 이커머스를 출시하고 콘텐츠와 개인 고유 영역의 결합에 주력했다. 또 브랜드 및 이커머스 크리에이터 규범화를 통해 이커머스 거래 규모를 충실히 늘릴 수 있었다. 더우인과 마찬가지로, 콰이쇼우도 브랜드가 자체적으로 운영하는 방송을 적극 장려하며 이커머스의 인프라 구축에 힘썼다. 콰이쇼우의 기타 서비스 수입을 전부 이커머스 업무 수익으로 본다면, 2021년 1~3분기 이커머스 플랫폼 화폐화 비율은 1퍼센트 정도밖에 되지 않아, 주류 이커머스 플랫폼과 비교했을 때는 많이 뒤처진 편이다. 이커머스 플랫폼 화폐화란, 플랫폼이 브랜드 판매자로부터 받는 커미션과 서비스 비용으로, 일종의 수수료라고 볼 수 있다. 알리바바를 예로 들면, 플랫폼 화폐화율은 텐마오마켓 수수료율과 타오바오 텐마오 판매자의 관리비율로 구성된다. 알리바바의 2021년 Q1 화폐화율은 4.88퍼센트에 달했고, JD닷컴의 2020년 Q4 화폐화율은 거의 8퍼센트였다. 콰이쇼우의 낮은 화폐화율로 본다면 플랫폼은 아직 브랜드 입주를 유도 중이며, 이커머스 규모를 키워 빠른 성장을 꾀하고 있는 단계이므로 수수료에 급급하지는 않는 모양새다.

샤오훙슈는 라이브 지원, 외부링크 차단, 상점 통합, 통합 마케팅 등 이커머스 핵심과 관련된 다양한 정책을 공식 발표했다. 특히 2021년 3분기에 연달아 타오바오 외부링크 차단 및 상점 통합 정책을 발표했는데, 이는 이커머스로의 전환을 꾀하는 샤오훙슈가 지속적으로 새로운 방법을 모색함을 의미한다. 그 밖에도 샤오훙슈는 사용자 확장을 통해 더 광범위한 상업적 발전 가능성을 찾고 있다. 뷰티 트렌드 콘텐츠 위주였던 샤오훙슈 커뮤니티는 다양한 분야의 카테고리 그룹으로 확장 중이며, 여러 브랜드가 각 카테고리의 커뮤니티 내에서 많은 마케팅 기회를 얻고 있다.

여타 콘텐츠 플랫폼 대비, 비리비리의 이커머스 사업 확장 진도는 다소 느리다. 비리비리 사용자의 높은 충성도는 플랫폼의 특성인, 비상업화 커뮤니티 생태계에서 기인하고 있기 때문이다. 따라서 2021년 비리비리는 브랜드 마케팅에 더욱 관심을 가지고 브랜드와 사용자가 어우러지는 비리비리 광고에 대한 마인드맵을 육성했다. 이와 동시에, 온라인 상업도약, 브랜드 뱅크 등이 색다른 마케팅 도구, 지불·결재·인가 등을 통해 한 걸음씩 플랫폼의 이커머스 속성을 강화했다. 결과적으로 2021년 11.11 기간 동안, 비리비리 사용자의 상업 콘텐츠 소비가 전년 대비 90퍼센트 증가했고, 제품 카테고리 키워드 검색량도 108퍼센트 증가했다. 이는 브랜드 측면에서 수천 개의 브랜드가 비리비리를 마케팅의 새로운 무대로 인식하고 있다는 것을 의미한다. 추천 기능 강화 외에도 비리비리는 이커머스풍이 훨씬 농후한 라이브커머스를 시도 중이다.

2022년에도 브랜드들의 치열한 트래픽 경쟁은 계속되고 있다. 라이브 영역으로 보자면, 브랜드 자체 라이브가 강화될 것이다. 현재 중국의 라이브커머스 시장에는 3대 강자가 존재하는데, 바로 타오바오, 더우인, 콰이쇼우다. 2020년 3대 라이브커머스 강자들은 중국 라이브커머스 업계의 99.7퍼센트를 점령했다. 라이브커머스가 온라인 이커머스 산업의 주류를 이루면서 2021년 하반기, 인플루언서들의 라이브커머스는 커다란 조정기를 맞이했다. 상위권 BJ 트래픽이 새롭게 배분됐고, 브랜드가 자체적으로 제공하는 라이브 방송이 매출 증대에 크게 기여하는 주인공이 되었다.

이러한 상황 속에서 2022년에도 주목할 만한 변화가 발생하고 있다. 2022년도 콘텐츠는 콘텐츠의 폭과 깊이에서 더 다양한 가능성을 내보일 것이다. 한편으로는 각종 플랫폼의 콘텐츠 테마가 완성될 것이고, 여기에 샤오홍슈, 비리비리 등 추천 메커니즘을 보유한 플랫폼들의 경쟁이 치열해지면서, 이를 활용한 브랜드 성장 전략을 다양하게 확보할 수 있을 것이다. 콘텐츠 플랫폼인 즈후에서 이커머스 플랫폼인 더우得物까지, 아직 제대로 발굴되지 않은 영역들도 브랜드의 롱테일 트래픽이 될 수 있을 것이다. 한편, 콘텐츠 혁신 능력도 한층 더 강해질 것이다. 최근 들어 구매 전환 비율이 한때 마케팅 투입 효과를 가늠하는 주요 기준 역할을 하기도 했지만, 브랜드의 장기적 관점에서는 판매와 전환보다도 브랜드 파워를 축적하는 것이 더욱 중요하다. 이때 콘텐츠 혁신의 가치가 다시 수면으로 떠오를 것이다. 구매 전환 비율만을 고려하지 않고 콘텐츠 자체에 주력한다면 만족할 만한 성과를 얻을 수 있을 것이다.

★

5장

만리장성을 넘어
실크로드를 열다

눈에 보이는 현실의 수평선 너머를 보지 못하는
회의론자나 냉소주의자들은 세상의 많은 문제를 해결할 수 없다.
세상사를 해결하기 위해서는
눈에 보이는 현실의 수평선 너머를 볼 수 있는 사람들이 필요하다.

—존 F. 케네디

많다. 다양하다. 크다. 중국 플랫폼 시장에는 뭐라고 형용해야 할지 모를 만큼 거대한 기회들이 있다. 유튜브만이 대안이라 생각했던 크리에이터들에게, 유튜브가 아닌 국내의 플랫폼에서는 이렇다 할 성과를 내지 못했던 크리에이터들에게, 막연하게 해외 진출을 꿈꿔왔던 크리에이터들에게, 중국 플랫폼 시장에는 분명 새로운 기회라고 할 만한 많은 것들이 있다. 크리에이터라면 누구나 분명히 가슴이 뛸 것이다. 더 많은 시청자가 당신이 만든 콘텐츠를 소비하기를 원하는 건 너무나도 자연스러운 현상이다.

따라서 정말로 중국 시장이 모두에게 열려 있는 건지, 우리가 원한다면 실제로 그 시장에 진출할 수 있는지에 대해 객관적으로 살펴보려 한다. 기대가 클수록 실망도 커질 수 있고, 어쩌면 생각지도 못한 장벽을 마주치게 될 수도 있다. 중국 시장은 당신에게는 쉽게 그 문을 열어주지 않을 수도 있다. 하지만 너무 지레 걱정할 필요는 없다. 당연히 포기할 이유도 전혀 없다. 하늘이 무너져도 솟아날 구멍이 있다고 했다. 아무리 굳건히 닫혀 있는 문도 맞는 열쇠가 있으면 열리는 법이다. 자, 이제 만리장성을 넘어보자.

중국 온라인 콘텐츠 플랫폼에 진출하기 위해 넘어야 할 장벽들

많은 사람이 '중국 시장'은 어렵고 복잡하고 불확실한 곳이라고 생각한다. 중국에서 정식으로 사업을 전개하기 어렵다는 시선이 있다는 것도 알고 있다. 중국 시장에 진출한 각종 산업의 관계자들에게서도 '뒤통수를 맞았다', '갑자기 정책이 바뀌었다', '외국인에 대한 차별이 있다' 등의 이야기들을 심심치 않게 들을 수 있다. MCN 혹은 크리에이터 산업에서도 마찬가지였다. 하지만 의심을 가지는 이들에게 먼저 이렇게 묻고 싶다. 절차와 규정에 맞게 정식으로 비즈니스를 진행해 왔는가? 혹시 제대로 사실을 확인하지 않은 채 편견과 오해만 가지고 우회하지는 않았는가?

국내 MCN과 크리에이터가 중국 온라인 콘텐츠 플랫폼에 진출하는 과정에서 넘어야 할 장벽이 많은 건 사실이다. 외국인이 중국 온라인 콘텐츠 플랫폼에 직접 채널을 개설하고 수익화를 위한 각종 인증을 받기는 매우 어려운 일이다. 중국어라는 큰 산은 플랫폼 대응과 채널 운영, 그리고 비즈니스 연계를 어렵게 만드는 장벽이다. 플랫폼 수익 정산 이슈는 끝판 대장이라 할 만큼 처리하기가 쉽지 않다. 이러한 장벽을 마주친 개인 크리에이터들 중에는 편법이나 우회하는 경로를 고민하는 경우도 많다. 중국인 지인의 신분증을 이용하거나, 불합리한 계약 내용을 알면서도 어쩔 수 없이 중국 MCN과 계약하는 등 리스크가 큰 선택을 하게 되는 것이다. 아무리 친분이 있는 사이라 하더라도 타인의 신분을 이용하는 것은 매우 위험하다. 또 의사소통 자체가 어려운 상태에서 중국 MCN과 협업하게 되면 오로지 콘텐츠만 제공하는 피동적 관계에 머무르게 되는 경우도 많이 생긴다. 심지어 위안화 정산만 가능한 곳이 대부분이라 여전히 수익 정산 이슈도 해결되지 않는다. 개인이 아닌 법인 MCN의 경우에 이런 리스크를 떠안는 선택은 더욱 위험하다. 결국, 소속 크리에이터를 직접 진출시키는 전략을 포기하고, 중국 OTT 플랫폼에 일부 전문

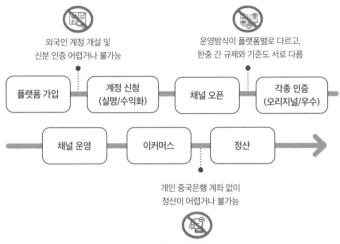

[그림 5.1] 중국 시장에 진출할 때 만나는 장벽들.

가 제작 콘텐츠만 공급하거나 동남아시아 시장을 대안으로
노선을 변경할 수밖에 없던 이유다.

　중국 온라인 콘텐츠 플랫폼에서 크리에이터 활동을 하겠
다고 마음먹고는 제일 먼저 부딪히는 문제는 역시 언어다. 여
러 검색 포털에서 정보를 찾아보고 주변에 물어물어 중국에
있는 플랫폼의 정체를 알아내는 것도 꽤 힘들었는데, 막상 해
당 플랫폼 앱을 다운받는 것도 쉽지 않다. 모바일 앱스토어에
서 검색이 안 돼 확인해 보니 지역 설정을 중국으로 해야 하
고, 어찌어찌 해결하고 앱을 다운받는 데까지는 가까스로 성
공했으나… 웬걸 죄다 중국어다. 모바일에서는 언어 자동 번

역이 쉽지 않으니 이번엔 웹사이트를 통해서 도전해 본다. 대부분의 플랫폼들이 웹이 아니라 앱을 통해서만 서비스를 하고 있다. 다행히 웹사이트를 함께 운영하는 플랫폼들도 있어서 페이지를 자동으로 번역해 주는 기능을 사용해 본다. 완벽하지는 않지만 한국어를 만나니 조금은 마음이 편해진다. 유튜브처럼 회원가입을 하고 채널을 열기만 하면 나도 중국에서 크리에이터가 될 수 있겠다는 기대감이 다시 생긴다.

사실 여기까지 도전하는 크리에이터도 그리 많지 않다. 아예 중국에 진출하기란 불가능하고 그 방법이라는 것이 존재하지 않는다고 생각하기 때문이다. 그런 상황을 잘 알기에 이런 도전과 노력의 결실이 있기를 응원하지만 말이다. 하지만 회원가입을 시도할 때부터 문제는 더욱 어렵고 복잡해진다. 상당수의 플랫폼이 회원가입 중 휴대폰 인증을 할 때 해외번호를 받아주지 않는다. 너무나 당연히 사용하던 내 번호로는 중국 온라인 콘텐츠 플랫폼에서 회원가입을 할 수 없는 것이다. 하지만 우리는 여기서 포기할 수 없는 불굴의 의지를 가진 한국인이다. 또 다른 회원가입 방식인 이메일 인증을 이용해 본다. 그나마 휴대폰 인증에 비해 성공 가능성이 높지만 중국에서 제한하는 지메일 등은 사용하기에 어려움이 있다.

회원가입을 했다고 하더라도 여전히 중국어는 큰 장벽이다. 채널명, 채널 소개를 만드는 것부터가 난관이고, 열심히 도움말을 찾아내도 결국 중국어다. 슬슬 지쳐간다. 중국어를 어느 정도 구사할 수 있거나 주변에 중국어와 관련해 도움을 줄 수 있는 지인이 있다면 어려움은 훨씬 줄어든다. 한국어로 된 정보를 검색하는 데 시간을 쓰고 번역기에 의존하여 내용을 파악하는 건 다행히 이제 안 해도 된다. 필요한 정보를 중국의 검색 포털인 바이두나 진르터우탸오今日头条에서 찾아보고 각 플랫폼에서 공개한 플랫폼 사용 가이드를 확인해 볼 수도 있겠다.

하지만 여전히 문제가 남아 있다. 중국 활동에서 사용할 연락처가 없다는 점이다. 플랫폼이 무척 많은 중국 시장 속에서, 내 콘텐츠를 더 좋아해 줄 사용자가 존재하는 타깃 플랫폼을 활용하고 싶어도 플랫폼이 요구하는 '인증' 등 절차에 사용할 연락처가 없다면 진출을 포기해야 한다. 이쯤에서 대부분 크리에이터들은 우회의 경로를 찾는다. 중국 지인들의 휴대폰 번호를 빌리거나 중국 MCN을 찾아서 문제를 해결하고자 하는 것이다.

물론 조금 특수한 상황으로 중국 휴대폰 번호를 가지고 있는 경우도 있다. 중국에서 유학했거나 생활했던 사람들이다. 당연히 중국 현지에서 본인의 여권으로 중국 휴대폰 번호를 만들어서 사용했기에 이를 이용할 수 있다. 뒤에서 더 자세히 설명하겠지만, 중국 온라인 콘텐츠 플랫폼에서 채널을 운영해 얻은 수익을 정산하기 위해 신분인증을 할 때는 중국 은행 계좌와 연동해야 하는데, 중국에서 생활했던 사람들은 이 부분까지도 기존에 가지고 있던 중국 은행 계좌로 해결 가능하다. 하지만 전 세계를 통틀어 이렇게 중국에서 생활했던 크리에이터가 과연 몇 명이나 되겠는가. 중국 온라인 콘텐츠 플랫폼에 진출하기 위해서 중국에 직접 가서 중국 휴대폰 번호를 만들고 중국 은행계 좌를 만들고자 하는 크리에이터는 거의 없다고 보는 게 맞을 것이다. 게다가 몇 년 전까지는 여행 비자로도 중국에서 휴대폰 번호나 은행 계좌를 만드는 것이 가능했지만, 실명인증이 강화된 현재로서는 불가능한 이야기다. 결국 일반적 상황의 크리에이터가 중국 온라인 콘텐츠 플랫폼에 진출하기 위해서는 상당한 진입장벽이 존재하는 것이다.

중국 온라인 콘텐츠 플랫폼들은 채널 승급, 저작권 보호, 수익 정산, 라이브 방송 등을 위해서 반드시 크리에이터들에게 실명인증을 요구한다. 국내외 다른 플랫폼들도 수익 정산을 위해서 다양한 방식으로 실명인증을 요구하고 있지만, 아무래도 돈과 관련된 일이기에 중국 플랫폼들도 더욱 철저하게 신경을 쓰는 부분이다. 중국 온라인 콘텐츠 플랫폼에서 실명인증을 위해서 기본적으로 신분증을 요구하는데, 중국 신분증 외에 다른 신분증은 유효하지가 않다. 여권 정보조차 활용

[그림 5.2] 더우인, 하오칸비디오에서 여권 정보로도 실명인증이 안 되는 화면 이미지.

할 수 없기 때문에 이 부분에서 외국인은 철저하게 소외된다.

앞서 이를 우회하는 방법으로 중국인의 신분증을 차용해 진행하는 경우가 있다고 말한 바 있다. 이 방법은 당연히 매우 위험하다. 단순히 본인이 만든 콘텐츠를 중국 시청자들에게 보여주는 용도로만 채널을 활용한다고 하더라도 신분증을 빌려준 사람이 언제 마음을 바꿀지 알 수 없기 때문이다. 게다가 채널을 운영해 발생한 수익을 정산하려면 해당 신분증 주인의 중국 은행 계좌를 연동해야 하고 그 계좌에 들어온 돈을 다시 전달받아야 하는데, 아무리 관계가 좋은 지인이라 하더라도 돈 문제가 얽히면 어떤 결과를 초래할지 알 수 없다.

실명인증의 어려움 때문에 중국 MCN과 계약해 이를 해결하려는 사람들도 있다. 중국 MCN과 계약 시 대부분의 크리에이터들은 MCN이 보유하고 있는 채널에 콘텐츠를 유통해서 수익이 생기면 정산해 주는 방식을 제안받는다. 개인 채널이 있어도 해외에서 라이브 방송을 하기 위해서는 중국기업 명의의 인증이 필요한 터라 채널을 MCN에게 넘기는 경우도 있다. 불안하지만 다른 방법이 없으므로 계약한 후 열심히 콘텐츠를 업로드하고 채널을 키워내도 MCN에서 수익을 투명하게 공개하지 않거나 발생한 수익을 중국 은행 계좌를 통해 위안화로만 정산해 주겠다고 한다. 중국 은행 계좌에 들어온 수익을 다시 한국으로 가져와야 하는 번거로움은 고스란히 크리에이터의 몫이다. 여러 불편함 때문에 계약을 해지하려 하면 아예 수익을 정산받지 못하는 것은 물론, 열심히 키운 채널에 대한 소유권조차 확보하지 못하는 경우가 비일비재하다. 결국 또다시 좌절할 수밖에 없는 현실을 마주하고 마는 것이다.

중국 전문 크로스 보더
MPN은 어떻게 탄생했나

20년 동안 살면서 직접 겪은 중국에서는, 우리의 편견과 달리 정도의 길을 걷는 게 더 손쉬울 때가 많았다. 어렵고 복잡하고 불확실한 곳이므로 오히려 문제를 정면으로 바라보고 이슈를 하나씩 해결하는 게 최적의 방법인 것이다. 사실상 네트워크 측면에서도 '관시关系'에만 의존하는 것이 아니라, 정도의 길을 걸을 때 사업적으로 더 빛을 발하는 경우를 더 자주 목도했다. 올바른 방향으로 문제를 풀어나갈 때 '관시'가 윤활유 역할을 하며 빛을 발하는 것이다.

따라서 MCN과 크리에이터가 정식으로 중국에 진출하기 위해서는, 풍부한 네트워크와 축적된 노하우로 산재한 장벽을 정면으로 해결해 주는 중국 전문 크로스 보더 플랫폼cross border platform이 필요하다.

이때 실체를 확인하기도 어렵고 검증도 불가능한 중국 업체와의 파트너십을 말하는 곳들은 경계하는 것이 좋다. 소위 '관시'로만 문제를 풀고자 하는 곳인데, 이런 곳은 직접 중국 플랫폼들과 연계가 돼 있지 않아 앞서 설명한 중국 MCN을 통한 대행 방법론과 크게 다르지 않고, 이슈가 발생했을 때도 직접 문제를 해결하지 못하기 때문이다. 시간이 걸리더

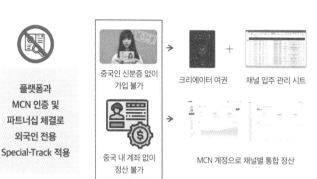

플랫폼과
MCN 인증 및
파트너십 체결로
외국인 전용
Special-Track 적용

중국인 신분증 없이 가입 불가 → 크리에이터 여권 + 채널 입주 관리 시트

중국 내 계좌 없이 정산 불가 → MCN 계정으로 채널별 통합 정산

1) 외국인 가입 이슈 해결-본인 오리지널 채널 개설
2) 외국인 정산 이슈 해결-중국내 수익 한화 정산

플랫폼 별
아도바 전담팀이
구성되어
각종 이슈
실시간 대응

추천, 제목, 섬네일 가이드   저작권(오리지널 관리) 대응

이슈별 대응 매뉴얼 DB 축적

중국법인-한국법인
연계 구조로
안정적인
정산시스템 구축

중국 영상 플랫폼 — 위안화 정산 → adoba 중국 법인

콘텐츠 유통 독점 계약에 의한 정산

콘텐츠 제작자 ← 한화 정산 — adoba

세금/수수료 정리 및 위안화 → 한화 정산

[그림 5.3] 크리에이터의 중국 진출 장벽을 해결한 중국 전문 크로스 보더 MPN.

라도 크리에이터 본인의 신분을 통해 정면으로 중국 진출을 이뤄내야만 불확실성을 최소화할 수 있다. 그래야만 지속적이고 예상 가능한 상황 속에서 정기적으로 콘텐츠를 업로드하고 개인 채널을 성장시킬 수 있기 때문이다.

또 한두 개 플랫폼과 파트너십을 맺고 해당 플랫폼에만 독점적으로 크리에이터들을 입점시키는 곳들도 있다. 이런 곳은 전략적으로 피하는 것이 좋다. 중국은 시장이 크다 보니 수많은 플랫폼이 계속해 등장하고 경쟁하고 있다. 따라서 콘텐츠 특성, 성장 단계, 운영 목적 등에 따라 다양한 플랫폼을 동시에 운영하는 전략이 훨씬 경쟁력 있다. 실제로 중국의 크리에이터들은 최소 3개 이상, 많게는 10개 이상 다양한 플랫폼에서 동시에 채널을 운영하고 있다. 결국 다양한 플랫폼, 정식으로 인증된 자격, 플랫폼별 채널 운영 경험을 통한 이슈별 대응 매뉴얼, 나아가 위안화가 아닌 한화로 정산이 가능한 시스템까지 구축한 파트너를 만나는 것이 중요하다.

필자는 중국에서의 오랜 비즈니스 경험을 토대로, 앞서 언급했던 장벽을 하나씩 제거하기 시작했다. 처음부터 쉬운 길은 아니었다. 하지만 다양한 플랫폼들이 서로 경쟁하며 성장하는 중국의 시장 상황이 오히려 기회로 작용했다. 플랫폼이 성장한다는 것은 사용자, 즉 시청자가 계속 늘고 있다는 것이고, 사용자가 계속 늘어나면 사용자들이 소비할 콘텐츠도 꾸준히 공급돼야 한다. 하지만 중국의 크리에이터는 상당수가 '왕훙^{网红}'으로, 영상 콘텐츠 제작보다는 라이브를 중심으로 마케팅과 커머스에 집중하고 있다. 그 외 사용자 제작 콘텐츠를 업로드하는 사람은 '업주^{UP主}'라고 부르는데, 그 숫자는 플랫폼들이 필요로 하는 만큼의 콘텐츠를 만들어 내기에 턱없이 부족하다. 이는 유튜브 영상 콘텐츠들을 불법으로 다른 플랫폼에서 배포시키는 현상마저 초래했다. 불법으로 배포한 영상 콘텐츠에 중국어 자막까지 달아서 전문적으로 사칭 채널을 운영하는 것을 보면 그 정성에 박수를 보내야 할 정도다. 결국 늘어나는 트래픽을 감당할 만한 콘텐츠가 부족한 상황을 해결하기 위해 중국 온라인 콘텐츠 플랫폼들은 자연스럽게 해외 콘텐츠에 관심을 갖게 되었다.

대한민국 대표 MCN인 샌드박스의 중국 진출 자문요청으로 한국 크리에이터들의 중국 진출에 관심을 가진 채 상황을 주시하던 나는 한국 크리에이터들이 만든 양질의 콘텐츠들이 불법으로 중국 온라인 콘텐츠 플랫폼에서 버젓이 유통되고 있는 상황을 지켜볼 수밖에 없었다. 결국 이를 해결하기 위해 글로벌 최초로 중국 전문 크로스 보더 MPN^{multi-platform}

---

*   '왕뤄훙런^{网络红人}'의 줄임말로, 인터넷싱의 유명한 사람을 뜻하는 말이다. 일반적으로 중국 내 영향력 있는 유명인을 지칭하는 '인플루언서'를 부르는 용어다.

[그림 5.4] 한국 최초로 바이두 산하 하오칸비디오에 진출할 크리에이터를 모집하는 포스터.

^{networks*}인 아도바를 설립하게 됐다. 이후 중국 온라인 콘텐츠 플랫폼들에게 불법유통 영상 콘텐츠가 아닌 해당 콘텐츠를 만든 한국 크리에이터들을 데려올 테니 그들이 정식으로 활동할 수 있는 길을 열어달라고 제안했다. 그러자 중국의 구글 혹은 네이버라 불리는 바이두가 가장 먼저 반응해 왔다. 중편 영상 플랫폼 영역의 후발주자로서 유튜브와 흡사한 양질의 콘텐츠를 무기로 경쟁자들을 앞서보겠다는 바이두의 전략과 나의 제안이 맞아떨어진 것이다.

---

* 　　다중 플랫폼과 제휴한 사업자로서, MCN과 비슷한 기능을 한다.

2019년 10월 1일, 총 34팀의 크리에이터들이 바이두의 하오칸비디오에 한국인 최초로 입점하며 역사적인 전환점의 시작을 알렸다. 이후 아도바는 지속적으로 더 많은 플랫폼에 크리에이터들이 정식으로 진출할 수 있도록 파트너십을 제안 · 확대했고, 글로벌 최초로 중국 10대 플랫폼에게서 공식 MCN 인증을 획득하여 중국 전문 크로스 보더 플랫폼을 시스템적으로도 구축했다. 그 결과 중국 시장 진출을 꾀했던 국내외 상위권 MCN과 개인 크리에이터들이 중국 진출 독점 파트너로 아도바를 선택하고 있다. 현재는 유튜브 기준으로 총 구독자 수 1억 명이 넘는 약 320팀의 크리에이터들이 아도바를 통해 중국에 진출해 있는 상황이다.

[그림 5.5] 중국 10대 온라인 콘텐츠 플랫폼에서 획득한 파트너십.

한국 크리에이터들을 중국 온라인 콘텐츠 플랫폼에 진출시키다 보니, 하루는 역으로 중국 플랫폼들에게서 재미있는 제안을 받았다. 한국 외 다른 나라의 크리에이터도 데려올 수 있느냐는 것이었다. 상황을 살펴보니 러시아, 독일, 핀란드, 일본, 베트남 등 여러 국가의 MCN에서 중국의 플랫폼으로 계속해 중국 시장 진출과 관련된 질문을 문의하고 있었다. 해외에 있는 MCN이나 개인 크리에이터들에게서 중국 진출과 관련된 연락을 자주 받는데 마땅히 도와줄 방법이 없다고 했다. 간혹 중국 MCN에 소개해 줘도 중국 MCN은 해외 크리에이터가 중국에 진출할 때 발생하는 이슈를 상세하게 모르기에 이야기에 진전이 없다고 했다. 외국인이 맞닥뜨리는 제약과 불편함을 해결해 본 경험이 없던 것이다. 여러 나라 MCN과 몇 차례 미팅을 진행한 뒤 이들이 국내 MCN들과 동일한 어려움을 겪고 있음을 알 수 있었다. 우리가 쌓은 노하우로 한번 도전해 보자 싶었다.

결국 아도바는 러시아, 핀란드의 대형 MCN들과 독점 계약을 이뤄내 중국 온라인 콘텐츠 플랫폼에 크리에이터들을 진출시킨 것은 물론, 최근에는 글로벌에 있는 개인 크리에이터들의 중국 진출을 도우면서 대륙으로 가는 길목에서 친절한 파트너 역할을 하고 있다. 시작점은 다르지만, 종착점이 모두 같기에 아도바는 더욱 많은 크리에이터를 대상으로 공평

하고 안전한 중국 진출의 길을 안내해 주고자 한다. 중국 시장이 해외 크리에이터들에게는 유튜브를 넘어선 새로운 기회의 땅이 될 수 있고, 중국 진출이 가능하다면 크리에이터들의 콘텐츠가 중국 시장에서도 충분히 통한다고 믿고 있기 때문이다. 콘텐츠에는 국경이 없다.

할 수 있다면 무조건
다중 플랫폼이 답이다

문화콘텐츠 창작물을 배포하는 데에도 규모의 경제가 존재한다. 이것을 범위의 경제^{economies of scope}라고 한다. 범위의 경제는 창구효과^{window effect}를 통해 실현된다. 창구효과란 하나의 프로그램을 서로 다른 시점에서 서로 다른 채널을 통해 공급하여 프로그램의 부가가치를 높이는 전략적인 배포방식을 의미한다. 문화콘텐츠는 생산을 위한 초기 투자비용이 많지만, 일단 생산된 이후 이를 재생산하는 경우에는 한계비용[*]이 극히 낮기 때문에 나타나는 현상이다. 예컨대, 한 번 방송된 지상파 방송 프로그램은 이후 케이블TV, 위성방송, 지역민방, 인

---

*   생산물 한 단위를 추가로 생산할 때 필요한 총비용의 증가분을 뜻한다.

터넷, 비디오, DVD, 해외수출 콘텐츠에 이르기까지 여러 방면에서 활용될 수 있다. 또 게임·음반·캐릭터 등과 같은 부가산업이나 드라마 촬영지의 관광상품으로도 활용된다. 바로 이런 창구효과를 통해, 프로그램은 각 미디어의 성격에 맞게 변형되고 계속 재활용되어 하나의 프로그램을 효율적으로 이용하는 원 소스 멀티유스one source multi-use·OSMU의 구조를 갖게 되는 것이다. 크리에이터들이 만드는 콘텐츠도 이 창구효과를 통해 OSMU의 구조를 만드는 것이 콘텐츠 투자 대비 효과를 극대화하는 방법이다.

이를 구현하기 위한 가장 기본적인 요소는 다중 플랫폼이라는 환경이다. 하나의 플랫폼에 채널을 만들어 콘텐츠를 운용하는 경우, 확보할 수 있는 트래픽은 한정적이다. 여기서 확보한 트래픽의 정도를 결정하는 데 제목, 섬네일, 콘텐츠 완성도 등 영향을 미치는 요소들이 많은데, 해당 플랫폼이 가진 사용자의 특성도 결과에 큰 영향을 준다. 하나의 플랫폼만을 타깃으로 삼을 때, 내 콘텐츠를 좋아해 줄 수 있는 사용자 그룹이 해당 플랫폼에 비교적 적다면 그 결과는 자명하다.

그렇다면 이러한 사용자 그룹을 더 많이 만날 방법은 무엇인가? 앞에 언급한 창구효과가 그 힌트가 될 수 있다. 아주 간단한 수학을 통해 그 답을 찾아보자. 하나의 플랫폼에서 콘텐츠가 만들어 내는 1차 트래픽인 콘텐츠 조회 수의 결과를 이해하기 쉽게 0과 1이라고 가정해 보자. 동일한 콘텐츠를 통해 A라는 플랫폼에서 0 혹은 1이라는 하나의 경우의 수가 나온다면, A, B, C 플랫폼을 동시에 운용하면 000, 001, ···, 111이라는 여덟 가지 경우의 수가 나오고, 콘텐츠가 확보한 트래픽이 0+0+0=0, 0+0+1=1, ···, 1+1+1=3이라고 한다면, 000을 제외한 모든 경우 A라는 플랫폼 하나를 운용하는 것과 같거나 더 나은 결과를 기대할 수 있다. 물론 여기서 다중 플랫폼을 운영하기 위해 들어가는 추가적인 비용에 대해서는 고려하지 않았지만, 이미 콘텐츠가 만들어진 상황에서는 이 콘텐츠를 하나의 플랫폼이 아닌 여러 플랫폼에 유통하고자 할 때 필요한 한계비용은 매우 적다는 사실을 우리는 알고 있다. 결국 확률적으로 다중 플랫폼을 운영하는 것이 하나의 플랫폼만을 운영하는 것보다 트래픽을 많이 확보하는 데 유리하며, 이러한 배경은 창구효과를 통해 효율적인 OSMU 구조를 만들기 위한 기본이 된다는 사실에는 변함이 없다. 아울러 이러한 트래픽은 콘텐츠 조회 수로 연결되어 결국 콘텐츠 운용에 의한 수익이 되기 때문에, 다중 플랫폼 운영 시 콘텐츠당 기대수익도 높아질 수 있다. 앞서 중국 시장에 플랫폼이 다양한 것이 크리에이터들에게는 매우 유리한 환경이라고 말한 바 있다. 이는 곧 중국 시장이 창구효과를 통해 OSMU 구조를 완성하기 가장 적절한 환경이라는 뜻도 된다.

[그림 5.6] 하나의 콘텐츠로 콘텐츠 기대수익을 극대화하는 방법은 다중 플랫폼을 활용한 OSMU 전략이다.

아도바를 통해 중국에 진출한 크리에이터들은 유튜브와 함께 중국의 다중 플랫폼을 동시에 운영하며, 창구효과를 통해 OSMU 구조까지 완성했다. 유튜브를 제외하고 중국에서만 평균 3개 이상 플랫폼을 동시에 운영하고 있으며 대여섯 개의 플랫폼을 운영하는 경우도 심심찮게 볼 수 있다. 이들은 같은 콘텐츠를 각 플랫폼 특성에 맞도록 제목과 섬네일 등을 변경하거나, 필요에 따라서는 영상 자체를 일부 편집하여 업로드한다. 해당 콘텐츠는 각 플랫폼과 사용자가 가진 고유의 특성과 업로드되는 기간의 사회적 상황 등을 반영하여 플랫폼별로 서로 다른 결과를 만들어 낸다. [그림5.6]에서 볼 수 있듯 각 콘텐츠가 확보한 트래픽이 반영된 조회 수는 플랫폼별로 모두 다르다. 하나의 플랫폼에서 독보적인 조회 수를 달성하기도 하고, 동시에 여러 플랫폼에서 조회 수를 확보하는 경우도 있다. 플랫폼별 사용자 특성(성별, 연령대, 성향 등)에 따라 선호하는 콘텐츠의 차이가 그 결과를 만들어 낸다. 여기서 우리가 주목해야 할 부분은 두 가지다. 첫째는 이 결과를 하나의 동일한 콘텐츠로 만들어 낸다는 것. 둘째는 다중 플랫폼에서 만들어진 조회 수의 총합이다. 유튜브에서 운영하는 채널을 생각해 보자. 업로드하는 콘텐츠가 매번 비슷한 수준의 조회 수를 만들어 내는가? 그렇지 않다. 하지만 다중 플랫폼을 운영한다면 한쪽 플랫폼에서 좋지 않은 결과를 얻더라도 다른 플랫폼에서 좋은 결과가 나올 가능성을 기대할 수 있다. 결론은, 콘텐츠 기대수익을 극대화하는 방법론이 바로 다중 플랫폼에 의한 OSMU 전략이라는 것이다.

하나의 콘텐츠를 만드는 데 들어가는 노력을 생각해 보자. 어떤 콘텐츠를 만들지에 대한 기획부터 촬영, 편집, 그리고 업로드하기 위한 제목, 섬네일 제작 등까지, 들어가는 시간과 비용은 분명 적지 않다. 이렇게 공들여 만든 콘텐츠가 하나의 심사대 위에서 평가받는다면 너무 억울하지 않을까? 크리에이터들의 콘텐츠는 더 다양하고 더 많은 시청자에게 노출되고 소비돼 그 가치를 평가받을 기회를 얻어야 한다.

덧붙여서, 특정 플랫폼만이 콘텐츠의 품질과 선호도를 결정할 수 있어서는 안 된다. 크리에이터의 콘텐츠를 접한 시청자들이 평가해야 하고 따라서 더 많은 시청자를 만날 기회도 확보해야 한다. 궁극적으로도 콘텐츠 산업에서는 크리에이터와 콘텐츠가 중심이 되어야 한다. 플랫폼은 오직 수단일 뿐이다. 단순히 크리에이터가 만드는 사용자 창작 콘텐츠뿐만 아니라 전문가 제작 콘텐츠에도 동일하게 적용이 되는 이야기다. 플랫폼은 시청자들이 선호하는 콘텐츠를 쉽게 접할 수 있도록 전문제작사 및 크리에이터를 통해 콘텐츠가 만들어지도록 투자할 필요가 있다. 그렇다면 응당 더 많은 사용자가 유입되어 플랫폼이 성장하고 거대한 수익을 얻게 될 것이다. 반면에 콘텐츠를 만드는 크리에이터들은 플랫폼과는 다른 시각과 방향성을 가져야 한다. 특정 플랫폼이 원하는 것에만 맞춰가는 건 좋은 답이 될 수 없다. 나의 창작 능력으로 만들어진 콘텐츠와 IP를 좋아해 줄 시청자는 어딘가에 존재한다는 생각으로 콘텐츠를 더욱 잘 만드는 데 집중해야 한다. 콘텐츠의 완성도를 높이는 데 최선을 다해야 한다. 이를 보완해 줄 수 있는 게 다중 플랫폼이다. 하나의 플랫폼이 아니라 다중 플랫폼을 통해 완성도 높은 콘텐츠를 유통한다면 내 콘텐츠를 선호하는 시청자를 만날 확률이 매우 높아진다. 이는 크리에이터가 콘텐츠를 지속적으로 창작할 수 있도록 하는 수익성 확보에도 더욱 효과적인 전략이다. 플랫폼이 아니라 크리에이터가 중심이 되는 방법이고 이것이 크리에이터를 사랑해 줄 팬, 즉 시청자를 위한 길이다.

다중 플랫폼을 해야 한다고 해서 무작정 아무 플랫폼에 채널을 만들어야 한다는 이야기는 아니다. 플랫폼을 운영하는 기업이 튼튼하고 신뢰할 만하며, 플랫폼 내 사용자 규모가 충분히 크고, 다양한 플랫폼일수록 좋다. 또 플랫폼 내 콘텐츠 방향성이 내가 창작하는 콘텐츠 형태(가로형, 세로형, 콘텐츠 길이 등)에 적합한지도 따져봐야 한다. 한국을 포함해 전 세계에는 다양한 플랫폼들이 많이 있고, 특히 중국 시장에는 위 조건에 부합하는 플랫폼들이 차고 넘친다. BAT로 불리는 바이두, 알리바바, 텐센트가 투자한 플랫폼들을 포함해, 탄탄한 자금력을 바탕으로 급성장하고 있는 플랫폼들이 다양하게 분포되어 있고, 각각 조금씩 다른 사용자 그룹과 콘텐츠 방향성을 갖고 있어 다중 플랫폼 운영에 의한 OSMU 구조를 만드는 데 최적화되어 있다. 따라서 직접 플랫폼을 비교해 보거나, 내 콘텐츠에 적합한 플랫폼을 찾는 게 어렵다면 전문 MPN을 찾는 것도 한 방법이다.

만리장성을 넘으면 보이는 것들

좋은 파트너를 만나 안정적으로 중국에 진출했다면, 남은 건 크리에이터 본연의 역할인 콘텐츠를 잘 만드는 것이다. 기존에 유튜브에 업로드하던 콘텐츠 방향성을 그대로 유지하며 중국 온라인 콘텐츠 플랫폼에 도전해 볼 수도 있고, 아예 중국풍 콘텐츠를 기획하고 제작하는 방법도 있다. '가장 한국스러운 것이 가장 세계적인 것이다'라는 말이 있듯이 콘텐츠 자체의 가치가 국가와 문화를 뛰어넘어 인정받을 가능성도 충분하다. 하지만 크리에이터와 콘텐츠 고유의 방향성은 유지하되, 구성되는 내용과 아이템에 중국풍을 담는 것도 고려해 보는 것이 좋다. 음악을 커버하는 콘텐츠라면 중국 음악도 함께 커버해 보고, 음식을 만드는 콘텐츠에서 중국 음식도 만들어 보는 것들이 대표적인 방법일 것이다.

　　해외 크리에이터들이 한국에 진출해 활동하는 예시들을 보면, 취할 부분과 그러지 말아야 할 부분이 보인다. 무작정 해당 국가의 문화를 치켜세우며 소위 '국뽕'을 자극하거나 틀 안에 갇혀 문화 리뷰 콘텐츠만 한다면 한계점이 명확하다. 오히려 크리에이터 본연의 IP를 통해 다양한 영역에서 진정성 있는 콘텐츠를 만들어 낸다면 시간이 걸리고 성과가 더디더라도 더 탄탄한 성장의 바탕이 만들어질 것이다. 중국 시장에서 유독 더 큰 성공을 거둘 수 있는 카테고리만을 찾으려고 하기보다는 모든 아이템에 진정성 있게 도전해 콘텐츠를 만든다면 모두에게 정답을 찾을 기회가 주어질 것이다.

　　중국에 진출해 성공한 국내 크리에이터 사례도 적지 않다. 바이올린 연주 영상 콘텐츠를 만드는 '캣올린CatOlin'이라는 크리에이터는 국내 유튜브에서 2년간 채널 구독자가 수천 명 수준이었으나, 아도바를 통해 중국에 진출한 뒤 3개월 만에 구독자가 15만 명을 넘어섰다. 국내에서는 따로 유튜브를 운영하지 않았던 '잇쿵EatKoong'이라는 먹방 크리에이터는 중국의 더우인에서 33만 구독자를 가진 크리에이터로 성장했다. 유튜브에서 127만 구독자를 가진 '째미JJAEMI'는 비리비리에서 6만 구독자를 보유하며 유튜브와 비슷한 수준의 조회 수를 만들어 내고 있고, 전체 플랫폼 콘텐츠당 평균 조회 수는 1,000만

[그림 5.7] 크리에이터 째미의 유튜브와 비리비리 채널 이미지.

을 넘어섰다.

최근 몇 년간 한한령과 같은 사례를 보며, 중국 정부에 의해 콘텐츠가 일방적으로 차단되거나 계정이 삭제되면 어떻게 대처해야 하는지 질문하시는 분들도 종종 있다. 넷플릭스처럼 전문가 제작 콘텐츠를 주로 다루는 장편 영상 플랫폼은 콘텐츠를 사전에 검열해야 하고 콘텐츠 자유도가 낮아 한한령의 영향을 직접적으로 받은 것이 사실이다. 반면에 사용자 창작 콘텐츠 및 1인 크리에이터를 대상으로 하는 유튜브형 중편 영상 플랫폼과 틱톡형 단편 영상 플랫폼은 사후검열 시스템으로 크리에이터들의 콘텐츠 자유도가 높은 편이다. 이러한 플랫폼에서 지금껏 한한령 이슈로 한국인 크리에이터의 콘텐츠가 차단되거나 계정이 이유 없이 삭제된 경우는 전혀 없었다. 물론 플랫폼에서 정해놓은 채널 운영과 콘텐츠에 관한 규정을 지키지 않아서 채널이 닫히거나 콘텐츠가 삭제되는 경우도 분명히 있다. 하지만 유튜브를 비롯한 글로벌 플랫폼에서도 플랫폼이 정해놓은 규칙을 지키지 않았을 때 채널에 제재를 가하는 것은 당연한 일이다. 이를 한한령이라는 특수 상황과 연결지을 수는 없을 것이다. 게다가 아도바와 같이 중국 온라인 콘텐츠 플랫폼들과 정식으로 파트너십을 맺고 있는 전문 MPN들은 채널에 이슈가 생겼을 때 플랫폼들과 협의를 통해 문제를 해결할 수 있는 시스템을 구축해 두었기 때문에 필요한 경우 도움을 받을 수 있다.

한중수교 30주년이 되는 2022년, 중국에서는 한한령에 대한 해제 신호와 움직임이 조금씩 나타나고 있다. 2022년 3월 3일 아이치이에서는 손예진, 정해인 주연인 한국 드라마 〈밥 잘 사주는 예쁜 누나〉를 방영하기 시작했다. 이 드라마는 1월 중국의 방송 규제기구인 광전총국에 심의를 신청해 1개월여 만에 통과됐다. 한한령 이후 한국 드라마가 중국에서 심의를 통과한 것은 〈밥 잘 사주는 예쁜 누나〉가 처음이다. 지난 1월 이영애 주연의 드라마 〈사임당 빛의 일기〉가 망고TV에서 방영되긴 했지만, 이는 한한령 직전에 심의를 마친 상태였다. 한편 비리비리에서도 한국 드라마 〈인현왕후의 남자〉, 〈또 오해영〉, 〈슬기로운 감빵생활〉을 차례로 서비스하기 시작했다. 이 또한 신작 콘텐츠의 중국 동시 방영권이 판매된 것은 아니다.

[그림 5.8] 아이치이에서 방영된 〈밥 잘 사주는 예쁜 누나〉와 비리비리에서 방영된 〈슬기로운 감빵생활〉.

하지만 여러 한국 드라마의 방영으로 이것이 일시적 현상이 아니며, 더 많은 한국 작품이 중국 온라인 콘텐츠 플랫폼에서 방영될 것이라는 기대가 커진 것은 사실이다.

드라마 외에도 2021년 12월에는 나문희 주연의 영화 〈오! 문희〉가 중국에서 개봉했다. 한한령이 지속되는 상황에서 2021년 한국 영화 대중국 수출액이 역대 최고치를 기록했다는 점도 중국 시장이 여전히 한국 콘텐츠의 가능성과 잠재력을 높게 평가한다는 해석이 가능하다. 중국 전문가들은 중국에서 한한령이 해제됐음을 의미하는 기준이 단계별로 존재한다고 이야기한다. 1단계는 한국 연예인이 중국 언론 매체에 공식 등장하는 것, 2단계는 중국 온라인 콘텐츠 플랫폼에서 한국 드라마나 영화가 공식 서비스되는 것, 3단계는 중국 공영방송인 CCTV에서 한국 드라마가 공식 방영되는 것, 4단계는 중국 방송 프로그램이나 제작 프로그램에 한국 연예인이 공식 출연하는 것, 5단계는 중국 정부가 한국 연예인의 중국 대형 오프라인 콘서트를 비준하는 것 등이다. 이러한 관점에서 아이치이, 비리비리에서 한국 드라마가 공식적으로 서비스되고 한국 영화가 영화관에서 상영되는 지금 상황을 볼 때, 이미 2단계는 서서히 진행되고 있는 것으로 보인다. 그렇다면 CCTV에서는 언제쯤 한국 드라마를 방영할지 궁금해지는데, 2022년이 시작됐을 무렵 방영이 가능한 분위기가 만들어지고 있었다고 봐도 무방하다. 앞서 한한령이 크리에이터의 콘텐츠에 미친 영향은 미비하다고 말했지만, 한한령 해제가 한중 콘텐츠 산업 전반에 긍정적인 영향을 줄 것은 분명하기에 열렬히 환영하는 바다.

중국 진출 크리에이터
미니인터뷰

박정원

중국 채널명 EatKoong吃控(유튜브: EatKoong잇쿵)

중국 플랫폼 7개(비리비리, 하오칸비디오, 시과비디오, 도우

인, 콰이쇼우, 웨이보, 샤오홍슈)

중국 구독자 수 43.7만 명

Q1. 언제부터 크리에이터 활동을 시작했나?

2021년 6월경 시작했습니다.

Q2. 크리에이터가 된 동기와 목표는 무엇이었나?

제 군 전역이 2021년 5월이었는데, 2021년 신년 계획으로 전
역 후 먹방 채널을 꼭 운영해 보고 싶다는 생각을 했습니다.
특별한 동기가 있었던 것은 아니고 어느 날 문득 유튜브를 보
던 중 꼭 이 일을 해야겠다는 생각이 들었습니다. 그날부터
크리에이터가 되기 위해 콘텐츠 분석 보고서와 시장 분석표
를 수십 장 작성했고 전역과 동시에 스튜디오, 카메라 등 촬
영 장비를 구매해서 크리에이터 활동을 시작했습니다.

Q3. 유튜브에 한계를 느낀다면 어떤 부분인가?

저도 처음에는 유튜브에서만 활동했습니다. 가장 힘들었던 부분은 지인들이 제가 유튜브를 한다는 사실을 알게 된다는 점이었습니다. 저는 크리에이터로서의 제 모습은 제2의 새로운 자아로 남겨두고 싶었습니다. 하지만 제 영상이 상위권에 노출되다 보니 유튜브 알고리즘으로 지인들도 제 영상을 알게 됐고, 그 사실 자체가 저에게는 큰 스트레스였습니다.

Q4. 중국 시장에 진출하게 된 계기는?

중국어를 오래 공부해 온 한 친구의 권유 때문입니다. 그 친구가 여러 중국분들과 교류하고 있었는데 우연히 제 영상에 관해 이야기하게 됐다고 합니다. 그때 중국분들께서 제 영상을 보고 중국인들이 좋아할 것 같다며, 중국에서 한번 활동을 시작해 보는 것이 어떠냐고 권유를 해주셔서 시작했습니다.

Q5. 중국 진출이 왜 어렵다고 느꼈나?

사실 저는 그리 어렵지 않았습니다. 저는 중국어를 전혀 못 했지만, 중국어를 유창하게 하는 친구가 있어 회원가입, 영상 업로드 등 까다로운 일들을 대신 해결해 줬기 때문입니다. 하지만 저는 특수한 경우고, 만약 믿을 수 있는 주변 지인 중에 중국어가 유창한 분이 없다면 사실상 중국 진출은 불가능하다고 봅니다. 개인정보 등 민감한 부분들도 공유해야 하므로 아무에게나 맡긴다면 심각한 문제가 생길 수도 있기 때문입니다.

Q6. 중국 진출에서 아도바와 같은 파트너의 필요성은?

파트너는 정말 중요합니다. 총 네 가지 이유로 정리할 수 있는데요. 무엇보다 '언어'입니다. 아무래도 중국어로 의사소통을 해야 한다는 점이 중국에 진출하는 데 가장 큰 장벽입니다. 언어의 한계가 있어 회원가입, 영상 업로드, 댓글 관리 등을 사실상 크리에이터가 해결하는 것이 불가능합니다. 회사에서는 이런 부분을 해결해 줄 수 있습니다. 저는 중국에서 크리에이터 활동을 시작하고 기초적인 중국어를 공부했지만, 영상을 업로드하고 댓글을 달기에는 아직 부족한 수준입니다. 이런 부분을 회사에서 도와주기 때문에 활동을 지속할 수 있다고 생각합니다. 두 번째는 '시간'입니다. 중국 영상 플랫폼 시장은 한국과는 다릅니다. 한국은 사실상 유튜브가 시장을 독점하고 있지만, 중국에는 다양한 영상 플랫폼이 있습니다. 따라서 하나의 영상도 각 플랫폼에는 따로따로 업로드해야 합니다. 또 플랫폼별로 수요층이 다르기 때문에 같은 영상이라도 설명이나 댓글 같은 영역에서는 플랫폼마다 다르게 대처해야 합니다. 이런 미묘한 차이를 외국인 크리에이터는 알아채기 어려우므로 회사의 도움이 필요하다고 생각합니다.

다음으로 '도용' 문제입니다. 저는 처음에 회사와 계약하지 않고 개인으로 활동을 시작했고 더우인에만 영상을 업로드했습니다. 그런데 어느 순간 타 플랫폼에서 제 영상을 무단으로 도용해 제 계정을 사칭하는 계정들이 생겨났습니다. 이런 경우 회사가 없다면 사실상 해결 방법이 없습니다. 저는 회사를 통해 사칭 계정을 삭제할 수 있었습니다. 마지막으로는 가장 중요한 '수익'입니다. 제가 회사에 들어가게 된 가장 큰 이유입니다. 중국 영상 플랫폼에서 수익을 내기 위해서는 중국 계정이 필요합니다. 즉, 중국인이 아닌 외국인은 중국에서 어떤 영상 수익도 낼 수 없습니다. 회사에 들어가기 전 제 영상의 조회 수는 1,000만 회가 넘었지만, 수익은 0원이었습니다. 하지만 회사에 들어가면 회사의 중국 계좌를 통해서 수익을 창출할 수 있습니다. 현실적으로 중국과 접점이 없는 한국인이 중국에서 영상으로 수익을 창출할 수 있는 유일한 방법은 회사에 들어가는 것이라고 생각합니다.

Q7. 중국에서 달성했으면 하는 목표는?

보람과 수익, 두 가지입니다. 물론 영상을 만들고 업로드해서 중국분들의 반응을 하나씩 읽어보는 것도 그 자체로 의미가 있다고 생각합니다. 실제로 댓글과 반응을 보면서 저도 큰 보람을 느낍니다. 하지만 본업이 있는 상태에서 시간을 쪼개서 영상을 제작하는 것은 절대 쉬운 과정은 아닙니다. 이 과정에 동기가 될 수 있는 것은 수익이 아닐까 생각합니다.

Q8. 중국 진출을 꿈꾸는 크리에이터에게 해주고픈 조언은?

일단 도전해 보시길 추천합니다. 저는 개인적으로 이 '아도바'라는 회사에 정말 크게 만족을 하고 있기 때문에 믿고 함께 새 시장에 도전해 보시면 좋을 것 같습니다.

최선호

중국 채널명 UNA的抗老宝典(유튜브: UNA유나)

중국 플랫폼 5개(비리비리, 하오칸비디오, 시과비디오, 웨이보, 샤오훙슈)

중국 구독자 수 56.3만 명

Q1. 언제부터 크리에이터 활동을 시작했나?

2016년입니다.

Q2. 크리에이터가 된 동기와 목표는 무엇이었나?

새로운 것에 대해 도전하고 싶었습니다.

Q3. 유튜브에 한계를 느낀다면 어떤 부분인가?

한국 시장의 열악함을 느꼈습니다.

Q4. 중국 진출을 하게 된 계기는?

콘텐츠를 소비하는 영역이 무한하기 때문입니다.

Q5. 중국 진출이 왜 어렵다고 느꼈나?

개방에 대한 경계가 심한 중국 체제 때문이었습니다.

Q6. 중국 진출에서 아도바와 같은 파트너의 필요성은?

중국에 대해 잘 이해하고 소통이 가능한 파트너가 절대적으로 필요하다고 생각합니다.

Q7. 중국에서 달성했으면 하는 목표는?

한국인에 대한 제재 없는 곳에서 활동영역의 기반을 잡는 것입니다.

Q8. 중국 진출을 꿈꾸는 크리에이터에게 해주고픈 조언은?

그들이 누구인지, 그들의 역사와 문화를 먼저 이해해야 합니다. 그들이 누구인지 모른 채로 시도하는 것은 추천하지 않습니다.

유안

중국 채널명 ALIEN舞室(유튜브: ALiEN)

중국 플랫폼 6개(비리비리, 하오칸비디오, 시과비디오, 더우인, 콰이쇼우, 웨이보)

중국 구독자 수 44만 명

Q1. 언제부터 크리에이터 활동을 시작했나?

2016년에 시작했습니다.

Q2. 크리에이터가 된 동기와 목표는 무엇이었나?

저는 본격적으로 크리에이터를 꿈꿨다기보다는, 안무가로 활동하다가 제가 안무한 작품들을 유튜브에 올리면서 활동을 시작했습니다. 더 많은 사람이 제 작품을 보길 원했고 반응하길 바랐습니다.

Q3. 유튜브에 한계를 느낀다면 어떤 부분인가?

최근 여러 플랫폼이 새로운 트렌드로 떠오르면서 예전만큼 주목받지 못하는 것 같아 이 점이 아쉽습니다.

Q4. 중국 진출을 하게 된 계기는?

중국에도 저희 팬들이 많이 있었고 또한 매력적인 시장이기도

해서 진출하게 되었습니다.

Q5. 중국 진출이 왜 어렵다고 느꼈나?

우선 언어적인 부분이 제일 컸습니다. 문장을 표현하는 방식이 문화 차이 때문인지 한국과 크게 다르다고 생각했습니다. 작게는 플랫폼의 메뉴와 기능을 파악하는 사소한 부분까지도 적응하기 까다로웠습니다.

Q6. 중국 진출에서 아도바와 같은 파트너의 필요성은?

아도바는 사소한 부분까지도 정말 열심히 확인해 줍니다. 그래서 무척 신뢰가 가는 회사입니다. 중국에 있는 제 친구도 아도바를 칭찬하고, 심지어 가입하고 싶어 합니다.

Q7. 중국에서 달성했으면 하는 목표는?

중국에서 국민적인 사랑을 받는 댄스 스튜디오가 되고 싶습니다. 그렇게 될 거라 믿습니다. 코로나가 종식되면 가장 먼저 방문하고 싶은 국가 중 하나입니다.

Q8. 중국 진출을 꿈꾸는 크리에이터에게 해주고픈 조언은?

혼자서도 충분히 가능하시겠지만, 아도바와 일하시면 두 개 이상의 채널도 운영할 수 있을 정도의 여유가 생기실 겁니다.

아도바와 함께 많은 채널을 성장시킬 수 있길 바랍니다.

이사라

중국 채널명 猫提琴CatOlin(유튜브: 캣올린CatOlin)
중국 플랫폼 6개(비리비리, 하오칸비디오, 시과비디오, 더우
인, 웨이보, 왕이윈뮤직)
중국 구독자 수 41.7만 명

Q1. 언제부터 크리에이터 활동을 시작했나?

2년 전부터 한 달에 한 개씩 연주 영상을 유튜브에 올리곤 했
고요. 본격적으로 크리에이터 활동을 하게 된 건 작년 4월입
니다.

Q2. 크리에이터가 된 동기와 목표는 무엇이었나?

제가 집에서 영화 〈식객〉 OST를 연주하는 모습을 보고 가족
들이 영상으로 만들어 보라고 권유하면서 채널을 개설하게
됐습니다. 가벼운 마음으로 시작했는데 제 연주를 기다려 주
는 관객이 있다는 게 굉장히 즐겁고 행복하더라고요. 제가 아
직 대학생인데요. 졸업 전까지 100만 구독자를 달성하는 걸
목표로 하고 있습니다.

Q3. 유튜브에 한계를 느낀다면 어떤 부분인가?

음악 커버 영상을 만드는 유튜버이기 때문에 저작권 문제로 수익을 창출할 수 없다는 점이 한계로 느껴졌어요.

Q4. 중국 진출을 하게 된 계기는?

작년 초에 중국인 유튜브 구독자분들이 '비리비리'라는 중국 사이트에서 활동하면 좋을 거 같다는 댓글과 메일을 보내주셔서 중국 시장에 관심을 갖게 되었습니다. 사이트에 들어가 보니 이미 불법으로 제 영상이 배포되고 있더라고요. 그렇게 유통된 영상의 조회 수가 유튜브보다 더 잘 나오고 있었습니다. 마침 유튜브에 좀 더 일찍 진입했으면 좋았을 거 같다는 아쉬움이 있던 참이라 중국 시장에는 최대한 빠르게 진입해 봐야겠다고 생각했던 거 같아요.

Q5. 중국 진출이 왜 어렵다고 느꼈나?

처음에는 중국어를 잘하는 지인들의 도움을 받아 중국 채널을 개설해 보려고 했습니다. 그런데 중국 은행 계좌가 있어야 수익 정산이 가능하다는 걸 알게 되어 방법을 찾다가 아도바의 도움으로 문제를 해결하고 중국에 진출했습니다.

Q6. 중국 진출에서 아도바와 같은 파트너의 필요성은?

앞에서 이야기했듯 정산 문제를 해결하기 위해서는 아도바와 같은 파트너가 필수더라고요. 그 밖에도 여러 이슈들을 사전에 점검해 주셔서 좀 더 안전하게 활동할 수 있는 점이 좋습니다. 그 외에도 번역, 광고 연결, 채널 운영, 불법 유통 영상 관리, 콘텐츠 추천 등 너무 많은 도움을 받는 상황이라 중국 진출을 계획하고 있다면 아도바와 같은 파트너는 선택이 아닌 필수라고 이야기하고 싶어요.

Q7. 중국에서 달성했으면 하는 목표는?

앞서 말씀드린 것처럼 100만 구독자 달성이 1차 목표입니다.

Q8. 중국 진출을 꿈꾸는 크리에이터에게 해주고픈 조언은?

한국 시장은 특정 플랫폼에 이용자가 집중돼 있지만, 중국 시장에는 대규모 동영상 플랫폼이 굉장히 많이 있더라고요. 플랫폼이 다양하기 때문에 열심히 만든 콘텐츠를 여러 번 선보일 수 있다는 게 중국 시장 진출의 가장 큰 장점인 거 같아요. 매주 콘텐츠를 꾸준히 제작할 수만 있다면 고민하지 말고 하루라도 빠르게 진출하라고 이야기해 주고 싶어요.

심정보

중국 채널명 撲爸的3D世界(유튜브: 규파gyupa)

중국 플랫폼 ?개

중국 구독자 수 1만 명

Q1. 언제부터 크리에이터 활동을 시작했나?

2020년 10월부터 시작했습니다.

Q2. 크리에이터가 된 동기와 목표는 무엇이었나?

아이들에게 장난감을 직접 만들어 주고 싶어 3D펜을 구매했는데 생각보다 사용하는 게 쉽지 않았습니다. 저와 같은 어려움을 겪는 사람들이 있을 것 같아 저의 제작 노하우를 공유하고자 3D펜 크리에이터를 시작하게 되었습니다.

Q3. 유튜브에 한계를 느낀다면 어떤 부분인가?

아무리 정성스럽게 영상을 만들어도 타깃 구독자나 시기가 맞지 않으면 조회 수가 나오지 않습니다.

Q4. 중국 진출을 하게 된 계기는?

아도바에서 중국의 수많은 시청자에게 제 영상을 보여줄 수 있다는 비전을 제시해 주었고 그것을 따라 진출하게 됐습니다.

Q5. 중국 진출이 왜 어렵다고 느꼈나?

언어의 장벽도 문제지만 계정 생성이나 인증 서류같이 복잡한 절차를 어떻게 풀어야 하는지 모르는 게 가장 크다고 생각합니다.

Q6. 중국 진출에서 아도바와 같은 파트너의 필요성은?

아도바와 함께하지 않았으면 중국 진출은 상상도 할 수 없었을 듯합니다. 그만큼 많은 부분을 담당해 주고 있습니다. 또 중국 진출 후에도 지속적인 관리가 필요하기 때문에 콘텐츠 제작에 집중하려면 꼭 필요하다고 생각합니다.

Q7. 중국에서 달성했으면 하는 목표는?

'3D펜 제작 크리에이터' 하면 바로 '규파'가 떠오를 수 있도록 노력하겠습니다.

Q8. 중국 진출을 꿈꾸는 크리에이터에게 해주고픈 조언은?

지금 바로 중국 진출을 위해 움직이세요. 한 발만 내디디면 중국이라는 거대한 무대가 눈앞에 펼쳐질 것입니다.

김주영

중국 채널명 快厨男(유튜브: 무쇠맨)

중국 플랫폼 5개(비리비리, 하오칸비디오, 시과비디오, 더우인, 샤오훙슈)

중국 구독자 수 27.4만 명

Q1. 언제부터 크리에이터 활동을 시작했나?

2021년 1월입니다.

Q2. 크리에이터가 된 동기와 목표는 무엇이었나?

다른 크리에이터들을 보고 새로운 수익창출을 위해 도전했습니다.

Q3. 유튜브에 한계를 느낀다면 어떤 부분인가?

1인 크리에이터로서 한계는 느낄 때는 있지만 유튜브에는 한계가 없는 것 같습니다.

Q4. 중국 진출을 하게 된 계기는?

언어가 필요 없는 영상이라 해외에서도 내 영상을 볼지 궁금했습니다.

Q5. 중국 진출이 왜 어렵다고 느꼈나?

유튜브를 공식적으로 못 본다고 알고 있었습니다.

Q6. 중국 진출에서 아도바와 같은 파트너의 필요성은?

필수라고 생각합니다.

Q7. 중국에서 달성했으면 하는 목표는?

단기간에 상승하고 끝나기보다, 느리더라도 지속적인 관심가는 채널로 남는 것이 목표입니다.

Q8. 중국 진출을 꿈꾸는 크리에이터에게 해주고픈 조언은?

도전은 항상 옳다는 말씀을 드리고 싶습니다.

이종원

중국 채널명 JJAEMI糖果罐(유튜브: JJAEMI째미)

중국 플랫폼 5개(비리비리, 하오칸비디오, 시과비디오, 더우인, 샤오홍슈)

중국 구독자 수 51.1만 명

Q1. 언제부터 크리에이터 활동을 시작했나?

2020년 4월입니다.

Q2. 크리에이터가 된 동기와 목표는 무엇이었나?

여유시간에 큰 자본금이 들지 않으면서 새로운 수익창출 기회를 생각하다가 유튜브를 접하게 됐습니다.

Q3. 유튜브에 한계를 느낀다면 어떤 부분인가?

채널이 커지고 오랜 시간 동안 익숙한 콘텐츠만 업로드하다가 언젠가 방향성을 바꾸려고 할 때 다른 방향으로 새롭게 도전하기가 가장 어려운 것 같습니다.

Q4. 중국 진출을 하게 된 계기는?

지인이 중국 진출 연결을 제안해 와서 다방면으로 알아보다가 계획하게 됐습니다.

Q5. 중국 진출이 왜 어렵다고 느꼈나?

아는 정보가 제한적이어서 어려웠습니다.

Q6. 중국 진출에서 아도바와 같은 파트너의 필요성은?

필수라고 생각합니다.

Q7. 중국에서 달성했으면 하는 목표는?

여러 가지 안 좋은 이벤트를 경험하지 않고 꾸준히 영상을 업로드하는 것입니다.

Q8. 중국 진출을 꿈꾸는 크리에이터에게 해주고픈 조언은?

혼자서 알아보고 진행하는 것도 이익을 많이 가져갈 수 있겠지만 여러 가지 시행착오와 시간을 절약하면서 노하우를 가진 회사와 파트너십을 맺고 진행하는 것도 좋은 선택이라고 생각합니다.

임혜린

중국 채널명 Melinis料理教室(유튜브: 메리니즈부엌 Meliniskitchen)

중국 플랫폼 4개(비리비리, 하오칸비디오, 시과비디오, 샤오홍슈)

중국 구독자 수 18만 명

Q1. 언제부터 크리에이터 활동을 시작했나?

2020년 1월부터 유튜브에 영상을 업로드했습니다.

Q2. 크리에이터가 된 동기와 목표는 무엇이었나?

영상을 편집하고 만드는 게 좋아서 크리에이터가 되고 싶었어요. 어떤 콘텐츠가 나한테 잘 맞을지를 고민했고, 평소 요리하는 걸 좋아해서 요리 콘텐츠로 유튜브를 시작하게 됐습니다. 목표는 맛있는 요리 레시피를 만들고 힐링 가득한 영상을 만들어 구독자분들께 작은 행복을 전달하고자 하는 것입니다.

Q3. 유튜브에 한계를 느낀다면 어떤 부분인가?

아무래도 어떤 영상이 조회 수가 잘 나오는지 모르겠다는 점이 아닐까 싶습니다. 콘텐츠를 만들 때 어떤 방향으로 나아가야 많은 분에게 영상이 노출되는지 감이 오지 않을 때 한계를 느낍니다.

Q4. 중국 진출을 하게 된 계기는?

메일로 여러 회사에서 연락이 와서 알게 됐습니다. 중국 시장에 대한 정보를 검색하다가 아도바에 관한 기사를 접하게 됐고, 후에 아도바에서 연락이 와서 좋은 기회로 중국에 진출하게 됐습니다.

Q5. 중국 진출이 왜 어렵다고 느꼈나?

중국의 인터넷 시장에 관한 정보가 많이 없어서 진출할 생각을 하지 못했습니다. 알게 되더라도 직접 중국에 가보는 게 아니라 온라인으로만 진행되는 일이다 보니 좀 더 조심스러운 부분이 있었습니다.

Q6. 중국 진출에서 아도바와 같은 파트너의 필요성은?

체계적인 시스템 아래 매니저분들과 실시간으로 소통할 수 있는 부분이 중요하다고 생각합니다.

Q7. 중국에서 달성했으면 하는 목표는?

제 영상을 꾸준히 보는 구독자분들이 많아졌으면 좋겠습니다. 구독자와 조회 수가 늘어나는 것이 목표예요.

Q8. 중국 진출을 꿈꾸는 크리에이터에게 해주고픈 조언은?

아직 조언을 드릴 단계는 아니지만, 중국 진출을 꿈꾸신다면 열심히 그리고 꾸준히 하신다면 원하는 목표를 이룰 거라고 생각합니다! 도전은 멋진 일이니까요!

정남아

중국 채널명 Nanya姐姐(유튜브: Nanya姐姐)

중국 플랫폼 6개(비리비리, 하오칸비디오, 시과비디오, 더우인, 웨이보, 샤오홍슈)

중국 구독자 수 62.4만 명

Q1. 언제부터 크리에이터 활동을 시작했나?

2018년부터 비리비리 채널에 업로드하기 시작했습니다.

Q2. 크리에이터가 된 동기와 목표는 무엇이었나?

10년간의 직장생활에 지치고 모든 일에 의욕이 없을 때 중국 관련 일을 하고 싶다는 어릴 적 꿈을 떠올린 것이 동기가 되었습니다. 크리에이터로서의 목표는 중국의 많은 곳을 여행하며 각 지역의 중국인들과 소통하는 것입니다.

Q3. 유튜브에 한계를 느낀다면 어떤 부분인가?

영상의 구독자 타깃층이 중국 본토에 있는 사람들이기 때문에 유튜브에 영상을 올려도 조회 수가 높아지지 않는 것입니다.

Q4. 중국 진출을 하게 된 계기는?

좋아하는 일이기 때문입니다. 중국어를 배우거나 중국 드라마를 보는 것, 중국 음식을 먹거나 문화를 체험하는 것 모두 좋아합니다. 하지만 현실적으로는 장기간 중국에서의 생활이나 유학이 불가능하기 때문에 영상을 통해서 간접 경험을 얻고 소통하게 됐습니다.

Q5. 중국 진출이 왜 어렵다고 느꼈나?

중국어를 유창하게 하지 못해서 의사소통에 어려움이 있었고, 수익 정산 문제가 원활하게 이루어지지 못했습니다. 문화적인 이해의 부족으로 인해 오해를 사거나 문화적 통제 때문에 조심해야 하는 부분도 큰 것 같습니다.

Q6. 중국 진출에서 아도바와 같은 파트너의 필요성은?

크리에이터의 중국 문화의 이해를 돕고 정산 문제를 해결해 주며, 개인이 할 수 없는 부분을(계정 문제 등) 회사 차원에서 해결해 주므로 필요하다고 생각합니다.

Q7. 중국에서 달성했으면 하는 목표는?

더 많은 팔로워가 생겨서 더 많은 중국분과 소통하고 싶습니다. 난야제제라는 한국 사람이 진정성 있는 모습으로 친근하게 느껴지는 것이 저의 바람입니다. 팬들과의 유대관계가 돈독해진다면 광고 효과나 커머스 분야도 자연스럽게 잘 이뤄질 것으로 기대합니다.

Q8. 중국 진출을 꿈꾸는 크리에이터에게 해주고픈 조언은?

중국 진출을 돈을 벌기 위한 목적으로만 시작한다면 금방 지치고 포기하게 될 수도 있습니다. 그러나 자신이 좋아하는 분야를 중국인들과 소통한다는 생각으로 꾸준하게 영상을 업로드하며, 팬들과 진정성 있는 유대관계를 형성한다면 좋은 결과가 있을 것이라고 생각합니다.

★

6장

중국 플랫폼 진출 꿀팁:
쉿! 너만 알아둬

당신이 할 수 있거나 할 수 있다고 꿈꾸는 그 모든 일을 시작하라.
새로운 일을 시작하는 용기 속에 당신의 천재성과 능력,
그리고 기적이 숨어 있다.

─요한 볼프강 본 괴테

지금까지 유튜브와 한국 시장의 한계, 그리고 도전하지 않을 이유가 없는 매력적인 중국 시장, 넘을 수 없을 것만 같았던 만리장성 그 너머에 있는 기회들에 관해 이야기했다. 전 세계에서 영상을 가장 많이 보고, 이커머스가 가장 성장해 크리에이터들에게는 다른 어느 곳보다 도전해야 할 이유가 많은 시장이 바로 중국이다. 이번 장에서는 중국 시장에 맨몸으로 도전할 크리에이터들에게 도움이 되는 유용한 팁들을 정리해 봤다. 오해가 있다면 풀고 잘못된 정보가 있다면 바로잡는 데 도움이 됐으면 한다. 무엇보다 고민하고 있던 문제에 대한 답을 찾기를 바란다. 어려울 것 같아서, 방법을 몰라서 기회인

줄 몰랐다면, 이제는 망설이지 않고 도전했으면 한다. 한국의 콘텐츠와 크리에이터들의 경쟁력은 이미 충분히 전 세계에서 인정받을 만한 수준인 만큼 중국 시장에서도 분명 통하리라고 확신한다.

콘텐츠에 중국어 자막을 넣으면
시청자들이 자막 보는 걸 불편해하지는 않을까요?

중국으로 가는 길이 열린 후, 크리에이터들의 다음 고민은 한국인이 만든 콘텐츠를 중국인이 소비하게 하는 방법이다.

　기본적으로 중국 온라인 콘텐츠 플랫폼에 업로드하는 콘텐츠에 중국어 자막을 넣는 것은 필수다. 물론 음악, 먹방, 동물, 운동 등 일부 카테고리의 콘텐츠는 굳이 자막이 필요하지 않거나 최소한의 자막으로도 충분하다. 그러나 할 수 있다면 콘텐츠에 중국어 자막을 넣는 걸 추천한다. 중국어를 모른다면 번역기의 도움을 받아서 넣거나, 가능한 상황이라면 중국어가 가능한 지인 혹은 전문 자막업체를 통해서 자막 작업을 하는 것이 좋다. 여기서 중국어 자막만으로 충분할지, 중국어 더빙이라도 해야 하지 않을지 의문을 갖는 크리에이터도 많을 것 같다. 시청자들이 자막을 보면서 콘텐츠를 보는 것을 불편해하지 않을지 고민하기 때문이다. 결론부터 말하자면, 기우다. 중국은 56개 민족과 그 몇 배수에 해당하는 방언이 존재하는 곳이다. 따라서 중앙방송에서도 영상 하단에는 표준 중국어 자막을 달도록 규정하고 있다. 따라서 온라인 콘텐츠 플랫폼에 업로드되는 콘텐츠에도 자막을 삽입하는 것이 일반적이다. 이는 외국어로 콘텐츠를 만드는 해외 크리에이터뿐만 아니라 중국인 크리에이터에게도 해당되는 부분이다. 실제로 중국 온라인 콘텐츠 플랫폼에서 제공하는 편집기에는 자막과 더빙 기능을 기본적으로 포함하고 있다. 자막을 통해 시청자들에게 콘텐츠의 내용을 정확하게 전달하게 되면 콘텐츠에 대한 관심도도 높아지고 당연히 채널의 성장에도

[그림 6.1] 중국 지상파 방송 및 중국 크리에이터 영상 콘텐츠에도 자막은 기본적으로 달려 있다.

직접적인 도움이 된다.

　이렇듯 중국인들은 기본적으로 자막이 있는 영상 콘텐츠를 보는 것에 익숙하다. 이는 콘텐츠에 자막을 입혀 중국에 진출해야 하는 한국인 크리에이터들에게는 오히려 유리한 부분이다. 반대로 아예 자막이 없는 콘텐츠를 업로드하는 것에 대한 질문도 가끔 받는데, 이 방법을 적극적으로 추천하지는 않지만 또 완전히 불가능한 것은 아니다. 대부분의 플랫폼은 시청자들을 위해서 외국인뿐 아니라 중국인 크리에이터에게도 콘텐츠에 자막을 제공하기를 독려하고 있으며 자막이 없는 영상 콘텐츠에는 되레 트래픽을 제한하는 경우도 있다. 하지만 자막이 없어도 콘텐츠 업로드는 가능하며, 콘텐츠 성격에 따라서는 자막이 없이도 트래픽을 잘 얻는 경우도 있다. 다시 말해 자막 여부 자체가 콘텐츠의 성패를 결정하는 건 아니다. 걱정하기 전에 어떻게든 시작해 보는 걸 추천한다. 그다음 행보는 시청자가 결정해 줄 것이다.

중국은 시장이 크다고 했으니까 진출하면 100만 구독자는 기본?

중국 인구가 15억이나 되는 데다가 온라인 콘텐츠 플랫폼 사용자 수가 국내 유튜브 사용자보다 훨씬 많다는 건 중국 진출을 고민해 본 크리에이터라면 기본적으로 알고 있는 정보다. 실제로 중국 온라인 콘텐츠 플랫폼 중에서 사용자가 적은 축에 드는 플랫폼도 웬만하면 1억 명을 넘어선다. 이 사실을 알게 된 크리에이터들은 막연한 꿈과 환상에 사로잡힌다. 중국에 진출하기만 하면 10만 구독자는 물론, 100만 구독자를 금방 모을 수 있고, 운이 좋으면 500만, 더 나아가 1,000만 구독자 보유에도 도전해 볼 수 있지 않을까 생각한다. 구독자뿐만 아니라 조회 수에 있어서도 콘텐츠 하나를 업로드하면 콘텐츠당 조회 수가 100만 뷰는 기본이 아닌가 하는 기대도 한다. 하지만 결론부터 말하자면 그럴 가능성은 거의 없다.

우선 한국에서 개인 크리에이터가 유튜브에서 채널을 몇 년간 운영하며, 콘텐츠 방향성이 확고하고 콘텐츠 퀄리티도 높아진 상황이라면, 10만 구독자는 물론 100만 구독자를 달성한 영향력 있는 유튜버가 됐을 것이다. 하지만 연예인 혹은 유명인은 아니라면 유튜브 외에서의 영향력과 인지도는 높지 않을 것이다. 그러니 중국 온라인 콘텐츠 플랫폼에서의 인지도가 낮다는 점은 굳이 언급할 필요도 없다. 물론 간혹 크리에이터와 콘텐츠에 따라서, 중국 온라인 콘텐츠 플랫폼 내에 불법으로 유통된 영상 콘텐츠가 많이 돌아다녀 일부 팬층까지 생긴 경우도 있기는 하다. 이런 상황이라면 중국에 진출한 초반에 팬들이 많은 플랫폼을 적극적으로 공략하거나, 불법으로 퍼 온 영상 콘텐츠를 유통한 채널을 통해 크리에이터 본인이 직접 중국 플랫폼에 진출했음을 알려 팬을 먼저 흡수하면서 성장의 발판을 만드는 것도 좋은 전략이다.

하지만 그런 지지 세력이 존재하지 않는 대부분의 크리에이터들이 중국에 진출하게 되면 다시 구독자 0명인 상태에서 새로 출발하는 것과 다를 바가 없다. 따라서 중국에 진출한 초반에는 유튜브를 처음 시작했던 때를 생각하고 초심을 떠올리는 것이 도움이 된다. 구독자가 늘고 콘텐츠 조회 수가 원하는 정도로 나오기까지는, 유튜브를 시작했을 때 못지않게 인내가 필요하다. 그런데도 중국 시장에 도전할 이유가 있는지 묻는다면, 그 이유가 반드시 있다고 말하고 싶다.

보통 인구 15억인 중국은 인구가 5,000만 명인 한국에 비해 30배가 큰 시장이라고들 생각한다. 하지만 규모를 기준 삼아 단순한 배수로 생각하기보다는, 오히려 5,000만 명 정도의 서로 다른 시장이 30개 있다고 생각하는 게 맞다. 중국 사람들에게 물건을 1개씩만 팔아도 15억 개를 팔 수 있다는 말은 사실 거짓에 가깝다. 중국은 56개 민족, 다양한 문화, 동서남북으로 뻗은 넓은 국토, 다양한 기후와 환경을 가진 나라다. 한국처럼 단일민족에 손바닥만 한 국토를 가진 나라가 아니다. 서울의 의식주와 부산의 의식주는 크게 다르지 않지만, 베이징의 의식주와 시안의 의식주는 많은 차이를 보인다. 중국은 하나의 큰 시장이 아니라 무수히 많은 시장의 합으로 이뤄진 곳이다.

유튜브 코리아가 한국인이라는 하나의 사용자군을 가진 플랫폼이라면, 중국 온라인 콘텐츠 플랫폼들은 이러한 사용자군이 무수히 많고 그 특성이 다양하다. 결국 플랫폼 내에 나의 콘텐츠를 좋아해 줄 사용자군이 존재할 확률이 매우 높아지는 것이다. 게다가 다중 플랫폼에 진출한다면 플랫폼별 사용자 특성(성별/연령대/성향 등)에 따라 선호하는 콘텐츠가 차이를 보이기 때문에, 나의 콘텐츠를 선호하는 트래픽을 확보할 확률은 더욱 높아진다. 따라서 콘텐츠당 기대수익 자체가 높아진다. 중국 시장에 도전할 이유는 이렇게나 명확하다. 내가 만든 콘텐츠에 더 다양한 기회가 있을 수 있다. 한국에서 성공하지 못했거나 성장이 멈췄더라도 중국에서 또 다른 기회를 만날 수도 있다.

중국 진출을 염두에 두고 있다면 중국 팬부터 생각하자

중국 진출을 마음먹었다면, 중국 플랫폼에 대한 정보 획득, 중국풍 콘텐츠에 대한 고민, 적절한 파트너 찾기만큼 중요하게 고려해야 할 일이 하나 더 있다. 바로 본인이 현재 한국 내에서 운영하는 채널에 업로드한 콘텐츠를 점검하는 것이다. 어떤 내용을 점검하고 확인해야 할까? 바로 중국과 관련된 정치, 역사 등의 이슈를 토대로 콘텐츠를 만든 적이 있는지, 혹은 중국 이슈를 언급한 콘텐츠가 있는지에 대한 여부다. 중국의 온라인 콘텐츠 플랫폼에 채널을 만들고 콘텐츠를 업로드하며 채널을 운영할 크리에이터들이 왜 한국에 있는 유튜브와 소셜미디어까지 신경 써야 할까?

먼저 이렇게 생각해 보자. 한국의 온라인 콘텐츠 플랫폼에 진출하려는 일본 국적의 크리에이터가 과연 독도 문제를 거론하는 콘텐츠를 가져올까? 선정적이고 폭력적인 내용은 플랫폼에서도 제한할 테니 말할 것도 없고, 중국의 정치, 사회, 국제관계, 역사 왜곡 등 민감한 내용을 콘텐츠화하는 건 중국에서 활동하겠다는 마음이 있다면 당연히 피해야 할 내용일 테다. 중국에서 민감하게 반응할 내용을 꼭 다뤄야 한다면 중국 진출에 대해서 다시 한번 생각해 보는 것이 좋다. 중국 외 글로벌 플랫폼에서 그런 콘텐츠를 다루는 건 누구도 뭐라 하지 않을 테니까.

그렇다면 왜 한국에 있는 유튜브와 소셜미디어에 있는 콘텐츠까지 신경 써야 하는지에 대해서 다시 이야기해 보자.

사실 중국 플랫폼에 그냥 맛보기로 진출한다면 크게 문제 삼을 건 없다. 중국 진출 후 구독자가 천천히 증가하며 서서히 영향력이 생기는 시점까지도 마찬가지다. 하지만 구독자가 일정 수준 이상 증가하고 탄탄한 팬층이 생기고 영향력이 커지면 이야기가 달라진다. 해외에 있는 BTS 팬들 중에 몇몇은 BTS에 관해서는 한국 언론의 기사와 네이버 블로그에 언급된 내용까지도 번역기를 돌려가면서 다 확인한다는 이야기를 들은 적이 있다. 비단 연예인뿐 아니라 지지하는 크리에이터에 대해서도 중국 팬들은 매우 진심인 편이다. 중국에는 특정 크리에이터의 팬이 된 후, 이 크리에이터가 다른 해외 계정에서는 어떻게 활동하는지 궁금해하며 일일이 찾아보는 사람들이 분명히 존재한다. 중국에서는 유튜브가 열리지 않으니 VPN을 통해 들어가서, 번역기를 돌려가며 좋아하는 크리에이터에 대한 정보들을 찾아본다. 이때 그 크리에이터가 중국에 있는 플랫폼에서는 보여주지 않았던 중국의 민감한 이슈에 대해 비난을 하는 내용을 발견한다면 이 팬은 어떤 행동을 하게 될까? VPN, 번역기까지 동원하는 열심을 보인 팬은 그 실망감이 더 커 중국 플랫폼 내 해당 크리에이터 채널에 댓글로 자기가 본 내용을 이야기하게 될 수도 있다. 부정적 여론이 만들어지면 순식간에 채널이 망사시는 건 충분히 예상 가능한 시나리오다.

중국 진출 초기부터 미연의 사태를 방지하기 위해 중국 관련 콘텐츠를 정리하는 것부터 시작하라는 말은 아니다. 어떻게 하면 더 성공적으로 중국에 진출할지에 대해서 더 많이 고민하고 준비하는 것이 우선이다. 다만 중국 진출에 대한 마음이 조금이라도 있다면, 우선 본인의 유튜브 채널 운영 및 콘텐츠 제작 시 '중국' 팬들도 함께 본다고 생각하는 습관을 갖는 것이 좋다. 중국에 진출하기 전부터 내 유튜브를 보는 팬들 중에 중국인도 있다고 생각한다면 중국과 관련된 정치, 역사적인 이슈, 사회적 비판 등의 내용은 자연스럽게 조심하게 될 것이다. 또 중국 진출 후 어느 정도 성장세가 보이면 앞에서 언급한 대로 다시 한번 유튜브와 소셜미디어의 콘텐츠를 점검하고 우려가 되는 콘텐츠들을 정리하면 된다. 중국으로 본인의 무대를 확대하고 더 큰 성과를 기대한다면, 그 성과를 만들어 줄 중국팬들에 대해서도 미리 신경 쓰는 것은 당연한 것일 테다.

중국은 여전히 '왕홍 경제'가 산업 전반에 영향을 끼치고 있으며 특히 라이브 방송을 통한 이커머스는 현재 마케팅의 기본공식이 되었다. 중국 정부는 급증한 라이브커머스 시장 규모, 이용량에 따라 관련 규정을 제정하고 모니터링을 강화하고 있으며, 지난 2020년 7월 중국 인력자원사회부는 인터넷 마케터, 생방송 마케터 직종을 신설한 바 있다. 왕홍의 직업 명문화 조치라고 볼 수 있다.

　2020년, 팬데믹 상황을 겪으며 오프라인 매장의 판매가 대대적으로 온라인으로 전환되면서 인플루언서 마케팅의 이점은 더욱 두드러졌다. 온라인 소비 활성화로 긍정적인 요인이 있었지만, 이와 동시에 라이브커머스의 급속한 발전에 따라 인플루언서의 품질이 고르지 않고, 일부 상품의 경우 허위·과장 광고, 가짜 상품을 판매하는 등 문제가 불거지기 시작했다. 인터넷 마케터라는 직종을 신설하고 직업표준을 발표하는 행위는 단순히 청년층의 신규 비즈니스 산업으로의 고용 유입만이 목적이 아닌, 국가가 직업에 대한 표준을 설정하고 그에 따른 행동 규범과 산업 규범을 제정해 관리, 감독을 강화하기 위한 목적이 있다. 이에 맞춰 라이브커머스에 종사하는 인플루언서에 대해서도 국가 표준에 맞춰 관리, 감독을 강화하기 시작했다. 지난 2016년 처음 라이브커머스 진행자가 전자상거래 플랫폼에 등장한 이후 폭발적인 인기를 얻은 스타 인플루언서들이 등장했고, 이들은 막대한 트래픽 배당금을 기반으로 인기를 누리고 큰 매출을 기록하며 사회적 지위를 높여왔다. 중국 정부는 법적으로 모호했던 직업군을 표준화하고 정비하는 한편, 2021년 9월부터 공개 세무조사를 실시해 대표적인 스타 인플루언서들이 자발적으로 세금을 신고할 경우 법에 따라 처벌을 완화 혹은 면제하는 특별 공지를 발표했다. 앞서 3장에서도 언급했지만 2021년 12월 20일, 몇천만 명의 팔로워를 둔 유명 인플루언서 웨이야는 탈세 혐의로 13억 4,100만 위안(1,548억 원)의 벌금을 부과받았으며, 주요 인플루언서에게도 규제의 움직임이 이어지고 있다.

여기서 우리는 중국의 규제가 강화되고 있다고만 이해해서는 안 된다. 1장에서 한국 정부가 국세청에 크리에이터와 관련한 직업코드를 만들면서 크리에이터가 공식적으로 하나의 직업으로 인정받았고, 정부는 여러 다양한 지원과 정책을 만들어 산업을 활성화하기 위해 노력하고 있다는 이야기를 했다. 이처럼 중국도 '왕홍 경제'라고 부를 정도 이 생태계의 시장 영향력이 큰 만큼, 한국과 같이 인플루언서(크리에이터)를 공식적인 직업으로 인정하고 이들의 행동 규범에 대해서도 주의를 기울이고 있는 것이다. 산업과 소비자들을 향한 크리에이터의 영향력이 커질수록 허위, 과장된 정보들과 가짜 상품들로 인한 피해는 더욱 커질 수밖에 없기 때문이다.

여기에는 중국만이 가진 사회적 배경도 있다. 중국 소비자들의 특성 중 하나가 의심이 많다는 것이다. 가짜 우유, 가짜 백신, 가짜 달걀 등 사회적인 이슈가 가져온 자연스러운 현상이기도 하다. 이런 소비자들은 전통 채널의 브랜드 광고를 잘 믿지 않는다. 오히려 친구나 지인의 이야기를 더욱 신뢰한다. 믿을 만한 사람이 이야기한 정보에는 마음과 지갑을 여는 것이다. 중국에서 가장 큰 메신저 플랫폼인 웨이신에도 페이스북의 담벼락처럼 영상, 사진, 글을 올려 소식을 전하는 모멘트라는 공간이 있다. 페이스북과 다른 점은 서로 친구를 맺은 사람들끼리만 정보를 확인할 수 있다는 것이다. 한마디로 신뢰할 만한 사람들끼리만 정보를 공유하는 것인데, 친구나 지인이 모멘트에 직접 써본 상품에 관해 정보를 공유하면 의심 없이 그 제품을 구매한다. 이 상황이 점점 보편화되면서 웨이상微商*이라는 개념이 탄생하기도 했다. 2013년 개인이 웨이신 모멘트에 제품 정보를 올려 C2C 방식으로 친구에게 판매하는 것이 그 시작이었다.

이렇게 중국의 인플루언서는 온라인 플랫폼에서의 믿을 만한 친구 혹은 지인의 역할을 하고 있다. 그들에게 친밀한 존재인 인플루언서가 추천하는 것에 대해서는 의심 없이 신뢰하는 것이다. 그렇기에 정부에서조차 인플루언서의 행동 규범에 관심을 두고 건전한 산업 생태계를 조성하는 데 힘쓸 수밖에 없는 것이다. 또, 중국에서 콘텐츠를 창작하는 크리에이터로서 활동할 때 가장 신경 써야 하는 부분이 팬과의 신뢰 형성이다. 중국에는 전 세계에서 가장 큰 규모의 이커머스 시장이 있고, 각종 온라인 콘텐츠 플랫폼과 이커머스가 연계돼 있

---

*   웨이신에서 제품을 전시하고 판매하는 사람을 말한다.

다. 따라서 중국 진출 이후 온라인 콘텐츠 플랫폼의 콘텐츠 광고수익 외에도 콘텐츠와 연계된 다양한 비즈니스를 염두에 두고 있다면, 진정성을 바탕으로 팬들의 친구가 되어 신뢰를 줄 수 있어야 한다.

중국 플랫폼 추가 트래픽 획득 공략법

중국 온라인 콘텐츠 플랫폼들에는 크리에이터의 노력에 따라 더 많은 트래픽을 얻을 수 있는 다양한 방법들이 마련돼 있다. 유튜브에서는 기본적으로 콘텐츠를 업로드한 후 플랫폼 알고리즘에 의해 콘텐츠가 노출되고 시청자들의 시청시간에 따라 광고수익을 확보할 수 있다. 크리에이터가 할 수 있는 노력이라는 것은 유튜브 알고리즘을 최대한 잘 파악해서 제목과 섬네일에 신경을 쓰고 더 좋은 퀄리티의 콘텐츠를 만들어 시청시간을 확보하는 것 정도다. 이 노력이 잘못됐다거나 중국 플랫폼에서는 그럴 필요가 없다는 말이 아니다. 중국 온라인 콘텐츠 플랫폼에서도 단편 영상 플랫폼을 제외하고 대부분 콘텐츠 시청시간에 따른 광고수익이 크리에이터들의 기본 수익모델이기 때문에, 유튜브에서 하던 노력은 계속돼야 한다. 단편 영상 플랫폼의 경우에도 완성도 높은 콘텐츠를 통해 구독자를 모으고 채널이 성장해야 광고 마케팅, 커머스 등 연계된 비즈니스까지 범위를 확장할 수 있으니 이 수익화 공식은 보편적인 것이 분명하다. 유튜브뿐 아니라 중국 플랫폼이 제공하는 다양한 크리에이터 교육에서도 제목, 섬네일, 태그, 팬 관리를 비롯하여 콘텐츠 아이템 선정과 제작 등 기본기를 거듭해 강조하고 있다.

하지만 이 기본공식 외에도 중국 플랫폼에서 수익을 얻을 수 있는 다른 무언가가 있지는 않을까? 실제로 중국 온라인 콘텐츠 플랫폼에는 콘텐츠의 노출 빈도를 늘려 광고수익을 증대시키는 데 도움을 주는 장치들이 있다. 이러한 중국 플랫폼의 특성을 잘 활용한다면 분명 기대 이상의 성과를 만들 수 있다. 대부분의 플랫폼에서 가장 먼저 만날 수 있는 장치는 처음 입점할 때부터 주어지는 다양한 미션들이다. 플랫폼에 따라서 첫 번째 콘텐츠를 업로드하는 것 자체가 미션인 경우부터, 플랫폼 내 편집기를 써서 제작한 콘텐츠의 링크를 제3의 플랫폼에 공유하는 것, 업로드한 콘텐츠에 평균 10개의 '좋아요'를 받는 것, 플랫폼이 제공하는 크리에이터 아카데미 수업을 듣는 것 등 다채로운 미션이 주어진다. 플랫폼마다 조금씩 다르긴 하지만 주어진 미션을 해결하면 직접적으로 추가 트래픽을 얻거나 플랫폼 내 포인트를 획득할 수 있다. 일반적으로 플랫폼 포인트는 채널 성장에 직접적인 영향을 주는 경우가 많고 이에 따라 채널이 성장하면 더 많은 트래픽을 확보할 수도 있다. 초기 단계의 미션을 통해서 얻을 수 있는 트래픽은 그다지 큰 규모는 아니지만, 무엇보다 이러한 미션을 잘 따라가면 기본적으로 신규 크리에이터가 플랫폼에 잘 안착하는 데 직접적으로 도움을 받을 수 있다.

또 다른 장치는 플랫폼에서 진행하는 각종 이벤트다. 명절, 기념일, 계절 변화에 따라 플랫폼에서는 관련 콘텐츠를 모아 트래픽을 나눠주는 이벤트를 실시한다. '신년을 맞이하며' 이벤트는 새해와 관련된 여러 모습을 담은 콘텐츠를, '밸런

[그림 6.2] 플랫폼별로 제공하는 크리에이터 미션 페이지.

타인데이 사랑 고백' 이벤트는 사랑 이야기가 담긴 콘텐츠를, '시원한 여름' 이벤트는 여름을 시원하게 보내는 방법에 대한 콘텐츠 등을 모은다. 크리에이터들이 창작한 콘텐츠를 태그를 통해 응모하면, 모인 콘텐츠들로 이벤트 페이지를 따로 만들어 공식적으로 이벤트를 오픈하고 플랫폼 내 곳곳에서 배너로 홍보까지 해준다. 이벤트에 따라 참여하는 전원에게 트래픽을 나눠주기도 하고 정해진 인원을 뽑아 트래픽을 몰아주기도 한다. 이벤트에 참여하면서 약속된 트래픽을 받고, 이벤트 페이지를 통해 추가로 노출되면서 또 트래픽을 확보할 수 있게 되는 일석이조의 구조다. 플랫폼들이 특정 시기에 비슷하게 진행하는 이벤트이기에 더 많은 크리에이터를 참여시키기 위해 플랫폼에서는 경쟁적으로 트래픽을 책정하는 경우가 많다. 올해 어떤 플랫폼은 얼마만큼의 트래픽을 준비했다더라 하는 게 뉴스가 될 정도다.

이 외에 트렌드 및 이슈를 이벤트의 주제로 정하거나 브랜드와의 컬래버레이션을 통해 특정 미션을 담은 이벤트를 하는 경우도 많은데, 이 이벤트는 특정 기간뿐 아니라 상시적으로 진행할 수 있고 플랫폼은 이벤트를 통해 광고영업이 가능하므로 그 비중과 빈도가 더욱 높은 편이다. 특정 영화에 관해서, 올림픽 개최를 축하하며, 플랫폼 몇 주기를 기념하며 등 여러 테마로 다양한 이벤트들이 수시로 진행된다. 어떤 이벤트에서는 트래픽뿐만 아니라 실제로 상금을 거는 경우도 있다. 확보한 트래픽으로 콘텐츠가 더 많이 노출되고 시청시간이 늘어나 광고수익을 늘리려는 건 결국 수익 극대화를 위한 것이므로 상금을 받을 기회를 놓칠 이유가 없다. 물론 크리에이터가 창작하고 있는 콘텐츠와 부합하는 이벤트에만 참여가 가능한 것이지만, 가끔 콘텐츠에 대한 아이템이 부족한 크리에이터들은 오히려 이러한 이벤트에만 충실히 참여해도 기본은 한다는 이야기를 듣는다고 한다.

　　미션 해결이나 이벤트 참여는 개인 크리에이터들이 노력

[그림 6.3] 2022년 봄맞이로 각 플랫폼에서 진행한 이벤트 페이지. 왼쪽부터 시과비디오, 하오칸비디오, 비리비리 순이다.

할 수 있는 영역이라면, 전문 MPN들을 통해 얻어낼 수 있는 것들도 있다. 플랫폼에서는 채널과 콘텐츠를 관리하는 담당자들을 보통 MD라 지칭한다. 전문 MPN은 이런 MD들에게 소속 크리에이터들의 채널을 꾸준히 홍보하며 완성도 높은 콘텐츠가 선정되어 플랫폼 내 가장 눈에 잘 띄는 곳에 배치될 수 있도록 관계 형성에 힘을 많이 쓴다. 또 MD들은 자체적으로 특정 콘텐츠 성과지표에 따라 추가 트래픽을 지원할 수 있는 권한이 있는데, 전문 MPN은 소속 크리에이터의 콘텐츠 업로드 초기 성과가 좋을 때 이를 MD에게 적극적으로 어필해 추가 트래픽을 받아내기도 한다. 그 외에 전문 MPN은 플랫폼의 파트너 자격으로 소속 크리에이터 채널을 직접 지원할 수 있는 트래픽을 제공받기도 한다. 이를 활용하여 전문 MPN은 내부 정책에 따라 소속 크리에이터 채널에 적절히 트래픽을 분배하여 채널의 성장을 돕는다. 이렇듯 콘텐츠를 올리고 가만히 결과를 기다리는 것보다, 트래픽을 추가로 확보할 수 있는 다양한 장치를 잘 활용하면 더욱 큰 성과를 기대할 수 있다.

추가로, 비용이 들지만 좀 더 직접적인 성과를 만들어 내는 방법도 있다. 바로 직접적으로 트래픽을 구매하는 방법이다. 업로드하는 콘텐츠 혹은 라이브 방송에서 디 많은 트래픽을 확보하기 위해 비용을 지불하고 트래픽을 구매할 수도 있다. 플랫폼별로 조금씩 다르지만 구독자 증가, 조회 수 증가, 인터랙션(좋아요, 댓글, 저장, 공유 등) 증가, 판매 증가 등을 목표로 설정하여 트래픽을 구매할 수 있다. 구매할 트래픽 비용에 따라서 항목별 달성 목표 수치를 예측하여 제시한다. 예를 들어, 100위안(1만 9,000원)을 쓴다면 구독자가 5~30명, 200위안(3만 8,000원)을 쓴다면 구독자가 10~60명까지 증가할 수 있다는 등의 예측치를 보여주는 것이다. 그렇다면 구독자 증가, 판매 증가 등의 목표를 플랫폼은 어떻게 달성하도록 하는 걸까? 당연한 이야기지만 플랫폼이 직접적으로 구독자, 조회수, 인터랙션, 판매 수치를 만들어 낼 수는 없다. 조작은 더더욱 안 된다. 그건 명백한 불법이다. 중국 정부는 이에 해당하는 행위를 철저하게 제한하고 관리하고 있다. 따라서 플랫폼들은 트래픽을 구매한 크리에이터들이 목표를 달성할 수 있도록 여러 방법으로 지정한 콘텐츠나 라이브 방송 채널을 노출시킨다. 즉, 플랫폼 노출에 대한 트래픽을 돈으로 구매하고 그렇게 노출된 콘텐츠가 크리에이터가 설정한 목표의 항목을 달성하도록 돕는 것이다.

여기서 노출만으로 어떻게 트래픽 획득 목표를 달성하게 만드는 것인지 궁금해진다. 이에 대한 답을 찾기 위해 플랫폼들은 자체적으로 시청자에 대한 다양한 데이터를 끊임없이 분석하고 있다. 어느 정도로 노출을 했을 때 얼마만큼의 유입

[그림 6.4] 콰이쇼우 유료 트래픽 구매 진행 과정이다. 왼쪽부터 비용에 따른 예측치, 지불, 노출 진행 중인 페이지, 결과 리포트, 정산 페이지 순이다.

량이 생기는지에 대한 실험을 비롯해서, 이러한 유입량과 구독자, 조회 수, 인터랙션, 판매 증가 등 결과와의 연계성을 빅데이터 분석으로 만들어 내는 것이다. 이러한 분석 결과를 알고리즘으로 만들어 구매한 트래픽이 날성할 수 있는 성과를 예측하고, 나온 결과를 다시 빅데이터로 분석해 이 예측치를 더욱 견고하게 만들어 가는 것이다. 또 트래픽 구매를 통해 만들어진 성과를 보고서로 보여주기 때문에 크리에이터들이 스스로 성과를 분석하고 추가적인 선택을 할 수 있다. 여기서 주의할 점은 결국 노출을 통해 결과를 만드는 것이기 때문에 콘텐츠 자체의 완성도가 중요하다는 것이다. 콘텐츠 완성도가 떨어진다면 아무리 트래픽을 구매해 더 많이 콘텐츠를 노출해도 원하는 결과를 만들어 낼 수 없다. 매번 이런 유료 서비스를 이용할 수는 없겠지만 완성도 높은 콘텐츠를 통해 빠른 채널 성장을 꾀한다면 필요에 따라서 활용하는 것도 한 방법이다.

크리에이터들이 중국 플랫폼에서 돈을 버는 여덟 가지 방법

중국 진출의 목표 중 가장 중요한 것이 수익화다. 채널에 콘텐츠를 올려 얻은 조회 수를 통해 플랫폼에서 광고수익을 받는 유튜브와 같은 수익화 방식을 포함해, 중국에서 크리에이터들은 어떻게 돈을 벌고 있는가에 대해 엿보면서 당신의 중국 진출 후 수익화 전략에 대해서 고민해 보는 것을 추천한다. 그러나 수익화를 논하기에 앞서 중국 진출 후 우선적으로 해결해야 하는 문제에 대해 살펴보자. 보통 크리에이터들은 채널 구독자들을 먼저 늘려야 할지, 아니면 현금성을 높여야 할지에 대해 고민한다.

이에 대한 답을 얻기 위해서는 중국의 여러 온라인 콘텐츠 플랫폼에서 통용되는 두 가지 기본 원리부터 이해해야 한다. 첫 번째 기본 원리는 트래픽이 곧 현금이란 것이다. 온라인 콘텐츠 플랫폼에게 있어서 트래픽은 사용자의 다운로드 수, 일일 활성화량 등 플랫폼의 시장가치와 예측치, 수익성을 증가시킬 수 있는 핵심가치다. 트래픽이 많다는 것은 곧 플랫폼의 가치가 높다는 뜻이다. 크리에이터에게 이 트래픽이 넘어오면서 채널의 구독자 수와 콘텐츠 조회 수로 연결된다. 대부분의 플랫폼들은 현재 자체 알고리즘이나 AI를 사용해 플랫폼이 확보한 트래픽을 크리에이터의 콘텐츠로 분배한다. 여기서 크리에이터가 만드는 콘텐츠가 매개 역할을 한다. 크리에이터가 수익을 만든다는 것은 콘텐츠를 통해 이 트래픽을 취득한다는 것과 같다.

두 번째 기본 원리는 신뢰가 곧 거래로 이어진다는 점이다. 플랫폼에게 있어 강력한 브랜드 효과, 양질의 사용자 경험은 대량의 브랜드를 끌어들이는 요소가 된다. 브랜드, 플랫폼, 크리에이터, 구독자 4자 간의 이익과 경험 관계기 균형을 이룬다면, 브랜드와 크리에이터에 대한 지속적인 팔로잉과 구독자 충성도를 유지할 수 있다. 크리에이터에게는 각 플랫폼의 게임 규칙과 방법을 심도 있게 이해함으로써 구독자의 신뢰를 얻는 게 매우 중요하다. 즉, 콘텐츠 가치를 이용해 구독자의 신뢰를 획득하면, 그 신뢰를 활용하고자 하는 브랜드와의 거래도 이뤄질 것이다.

이러한 두 가지 기본 원리는 지금부터 설명할 수익화 방법론의 뼈대를 이룬다. 정리하자면 크리에이터는 트래픽과 구독자들의 신뢰를 확보해야만 다양한 수익화 방식을 전략적으로 활용할 수 있다는 것이다. 그렇다면 이제 실제로 돈을 벌 수 있는 방법을 살펴보자.

▶ 첫 번째 방법, 플랫폼 공식 지원

각 플랫폼은 양질의 크리에이터를 입주시키고 크리에이터가 지속적으로 콘텐츠를 창작할 수 있도록 공식적으로 지원하고 있다. 이 같은 공식 지원 활동은 크리에이터가 이벤트 요건에 따라 자신의 능력과 장점을 결부시켜 콘텐츠를 생산하게 할 뿐 아니라, 현금으로 보상을 받고 트래픽 지원까지 얻을 수 있도록 돕는다. 각 플랫폼에서 인정하는 우선권을 가질 수 있는 이 방법은 가장 직접적인 수익화 방식이라 할 수 있다. 앞에서 언급한 플랫폼 내 이벤트보다 큰 규모인 플랫폼 전체 전략 단위의 이벤트로 이해하면 된다.

▶두 번째 방법, 광고 수주

채널에 구독자가 늘어나고 조회 수와 시청시간이 어느 정도 보장된 방송량이 생기면, 크리에이터들은 플랫폼 내 공식 광고 서비스 또는 제3자 광고 플랫폼을 통해 브랜드 광고주와 광고를 매칭할 수 있다. 플랫폼과 광고주는 보통 크리에이터의 구독량, 콘텐츠 분량, 정확도에 대해 각기 다른 고정된 조건을 요구한다. 이러한 조건을 만족해야 광고를 수주할 수 있게 되는데, 광고 수주는 채널 성장에 따라 비교적 보편적인 수익화 방법으로, 대략 네 가지로 구분된다.

크리에이터가 수주받는 광고의 첫 번째 유형은 브랜드 광고다. 보통 이 유형으로 광고를 수주하는 광고주가 가장 많은데 주로 광고주의 브랜드나 제품의 홍보 및 마케팅이 목적이다. 제3자 광고 플랫폼의 데이터에 따르면, 광고 수주를 위한 조건을 넘긴 크리에이터의 경우 몇백 위안부터 1만 위안(190만 원)까지 영상 광고비가 책정되고, 100만 구독자를 보유한 크리에이터의 영상 광고비는 기본 5만 위안(950만 원)부터 시작된다. 1,000만 구독자를 보유한 크리에이터의 광고비는 기본 수십만 위안부터 시작되기도 한다.

두 번째 유형은 삽입식 광고다. PPL이라고 통용되는 브랜디드 광고라고 생각하면 된다. 삽입식 광고는 광고주의 서비스나 제품을 영상 시나리오 속에 삽입시켜, 구독자들이 영상을 시청하면서 본인도 모르게 광고주의 제품과 서비스를 기억하고 이해하게 된다. 이런 삽입식 광고는 구독자의 수용도가 비교적 높아 구독 경험에 쉽게 영향을 미치지 않는다.

세 번째 유형은 붙임식 광고다. 이런 광고 형태는 영상 방송에 영상을 덧붙이는 방식으로, 보통 영상의 앞부분이나 끝부분에 배치되어 구독자까지의 도달률이 높고 수익은 적은 편이다. 일반적으로 각 플랫폼을 통해 공식적으로 수주받아야 한다. 붙임식 광고는 보통 영상 콘텐츠 자체와는 직접적인 관계가 없으며, 구독자의 시청 경험에 좋지 않은 인상을 남기기 쉬워 각 플랫폼에서는 점점 사라지고 있는 추세다.

네 번째 유형은 스폰서십 광고다. 이런 광고 형태는 각종 TV프로그램에서 자주 보이는 것으로, 프로그램 내에서 협찬사 또는 광고주의 브랜드를 홍보한다. 이런 유형의 광고 비용은 아주 높은 편이지만, 일정한 IP를 가진 전문 분야의 크리에이터들에게는 적합하다. 그러나 크리에이터가 지속적으로 고품질의 영상을 생산해 내야만 해서 광고를 받기에는 조건이 까다로운 편이다.

▶ 세 번째 방법, 이커머스

온라인 콘텐츠 플랫폼 내 이커머스는 역시 상당히 흔한 수익화 방식이고, 문턱도 상당히 낮은 편이다. 현재 대다수 플랫폼은 크리에이터가 실명을 인증한 후 소량의 구독자 기반만 마련되면 상점 기능을 개통해 주고 있다. 제품 거래 금액을 이용해 수수료나 수익을 얻을 수 있는 이커머스는 기본적으로 두 가지 유형이 존재한다.

첫 번째 유형은 소매 유형이다. 소매 유형의 방식은 개인이나 소규모 팀을 이룬 크리에이터에게 적합하다. 인기 아이템이나 구독자에게 적합한 제품을 찾아 아이템을 추천하고, 추천 커머스 방식으로 콘텐츠를 생산하면 되기 때문이다. 보통 이커머스 전문 플랫폼 내에서 아이템을 선정하거나 플랫폼 자체에서 추천하는 아이템을 채택하기도 한다. 재고, 물류 등 자산 투입 비용을 떠안을 필요가 없다는 것이 장점이다.

두 번째 유형은 자체 경영형이다. 이 방식은 기업이나 대규모 팀에게 적합하다. 브랜드의 필요에 따라 자체적으로 구독자의 수요를 분석하고 이에 알맞게 생산, 관리, 유입 등을 조절하며 단일 카테고리 또는 다중 카테고리의 제품을 현금화할 수 있다. 이로써 브랜드 가치를 높일 수 있을 뿐 아니라, 수익성이 상대적으로 높은 편이다.

▶ 네 번째 방법, 라이브 보상

온라인 콘텐츠 플랫폼 내에서 영상 콘텐츠와 라이브 방송의 결합은 2020년 이후 크리에이터 수익화의 대표적인 추세다. 영상 콘텐츠가 브랜드의 홍보, 유입, 가치 공유의 역할을 맡는다면, 라이브 방송은 트래픽을 극대화한다. 라이브에 참여하는 구독자는 콘텐츠 가치에 대한 인정과 공감을 바탕으로 팁을 제공한다. 간단히 말하면, 유튜브와 아프리카TV의 결합 모델이다. 물론 라이브 방송이다 보니 크리에이터의 표현력에 대한 요구 조건이 다소 높지만, 직접적인 보상으로 수익화가 이뤄진다. 단순 라이브가 아니라 라이브커머스로 진행 시 확장성은 더욱 무궁무진해진다.

▶ 다섯 번째 방법, 유료 지식

유료 지식은 최근 들어 대중들에게 인정을 받고 있다. 유료 지식은 크리에이터가 제작한 양질의 콘텐츠를 심도 있게 발굴해 제품이나 서비스로 재탄생시킨 것이다. 즉, 콘텐츠가 곧 제품이다. 크리에이터는 자신의 지식체계를 다양한 방법으로 정리하여 체계적인 커리큘럼을 만들어 내기도 한다. 헬스 트레이닝이나 영어 공부, 요리 강의, 촬영 기법 강의 등 각양각색의 지식과 재능이 유료 지식으로 포장돼 판매될 수 있다. 하오칸비디오, 히말라야, 즈후 등 지식을 전문으로 하는 플랫폼에서 더욱 각광받고 있다.

▶ 여섯 번째 방법, 파생 IP

IP로부터 파생되는 다양한 비즈니스가 존재한다. 이를 위해 크리에이터는 어떻게 하면 자신 또는 자신이 만든 영상 콘텐츠를 IP로 만들 수 있을지에 대한 고민이 필요하다. IP 생성의 가장 큰 장점은 향후에도 꾸준한 수익화 자원이 될 수 있다는 것이다. 이 방법도 네 가지 유형으로 정리할 수 있다.

첫 번째 유형은 오프라인 교육 자문이다. 자기가 속한 분야에서 어느 정도 미디어 영향력을 확보하게 되면, 기업이나 기관 등 조직의 초청으로 오프라인 강좌나 프로젝트 자문 활동을 할 수 있고, 자체적으로 오프라인 교육 과정을 개설할 수도 있다.

두 번째 유형은 라이선스 배포다. 크리에이터는 자신이 라이선스를 보유한 콘텐츠를 라이선스화하거나 타인에게 양도해 수익화할 수 있다. 마찬가지로, 자신의 라이선스 콘텐츠를 출판하거나 드라마 제작 투자자를 모집하는 방법으로 라이선스를 수익화할 수 있다.

세 번째 유형은 유료 커뮤니티다. 크리에이터가 일정량의 구독자와 영향력을 확보하게 되면, 유료 커뮤니티를 만들어 회원을 모집하고 지식을 전수하거나 가치판매를 진행할 수 있다.

네 번째 유형은 파생상품이다. 크리에이터는 독자적인 IP

로 일부 제품을 파생시킬 수 있다. 피규어, 옷, 카드, 책 등 IP
로부터 파생되는 다양한 굿즈를 예로 들 수 있겠다.

▶ 일곱 번째 방법, 프로젝트 펀딩

크리에이터는 자신의 IP 영향력을 발판 삼아 프로젝트
펀딩을 진행할 수도 있다. 예를 들어 콘텐츠 프로젝트 펀딩의
경우, 구독자가 콘텐츠 프로젝트에 참여함으로써 콘텐츠의
지속적인 제작비 문제를 해결할 수 있다. 사업 프로젝트 펀딩
의 경우에는 오프라인에서의 맛집이나 헬스장 사업으로도 확
장시킬 수 있다.

▶ 여덟 번째 방법, 계정 판매

계정 판매 시장은 이미지와 텍스트 위주의 콘텐츠가 대
다수였던 미디어 산업 초기 때부터 존재했다. 그때와 비교했
을 때 유일한 차이점이라면 창작 방향과 효율의 차이일 것이
다. 일부 크리에이터는 원작 콘텐츠를 일정 시간 동안 운영한
뒤, 정체기를 맞으면 계정을 판매하여 수익화하기도 한다. 하
지만 계정을 키워 판매할 목적의 크리에이터라면 투자가 적
고 회수가 빠른 스피드 경영을 선호할 것이므로 콘텐츠의 품
질은 비교적 투박할 수밖에 없다. 개인적으로 절대 권하지 않
는 방법이긴 하다.

중국 플랫폼 용어집: 이것만 알아도 중국 플랫폼이 읽힌다

플랫폼별 기본 용어

대분류	소분류	한국어	영어
플랫폼 공통	首页 / 主页	메인 페이지	Main page
	连载番剧	연재 애니메이션	Animation series (in progress)
	直播	라이브 방송	Live broadcast
	关注 / 订阅	구독	Subscription
	粉丝	구독자	Subscriber
	动态	커뮤니티	Community
	下载APP	앱 다운로드	App download
	热门视频 / 热门	인기 동영상 / 인기	Popular videos / Popular
	个人中心	마이 페이지	My page
	上传管理	업로드 관리	Upload management
	退出登录	로그아웃	Logout
	消息	알림	Notification
	我的收藏 / 收藏	즐겨찾기	Favorites
	观看历史 / 历史 / 历史记录	시청 기록 / 기록	Watch history / history
	创作中心	창작 센터	Creative center
	投稿 / 发视频 / 发布视频 / 上传视频	콘텐츠(영상) 업로드	Content(video) upload
	探索	검색	Search
	推荐	추천	Recommendation
	排行榜	랭킹	Ranking
	设置	설정	Setting
	我的课程	나의 교육	My education
	关于我们	ABOUT US	ABOUT US
	热门活动	인기 이벤트	Popular event
	更多	더 보기	See more

	全部关注	전체 구독	Full subscription
더우인 전용	特别关注	특별 구독	Special subscription
	好友圈	모멘트	Moment
	自定义分组	내가 설정한 분류	Custom grouping
	认证与合作	인증과 협력	Certification and cooperation
	广告投放	광고 공급	Advertising
	抖音电商	더우인 이커머스	Douyin e-Commerce
	透明度报告	투명성 보고서	Transparency report
	创作者服务	크리에이터 서비스	Creator service
콰이쇼우 전용	快币充值	콰이쇼우 코인 충전	Kuaishou coin purchase
	同城	같은 지역	Same region
	小剧场	소극장	Midsize theater
	精彩短视频	다채로운 단편 영상	Amazing short videos
	游戏直播	게임 라이브 방송	Game live broadcast
	快手热榜	콰이쇼우 인기 순위	Kuaishou popularity ranking
비리비리 전용	游戏中心	게임센터	Gaming center
	会员购	회원권 구매	membership purchase
	赛事	경기(게임) 현황	Game status
	新游介绍	신규 게임 안내	New game introduction
	人气漫画	인기 만화	Popular comics
	硬币	플랫폼 코인	Platform coin
	B币	B코인	B-coin
	B币钱包	B코인 지갑	B-coin wallet
	收据	영수증	Receipt
	大会员	유료 멤버십	Premium membership
시과비디오 전용	特色频道	테마	Theme
하오칸비디오 전용	频道分类	채널 카테고리	Channel category
웨이보 전용	微博热搜关键词	웨이보 인기 키워드	Weibo popular keyword

카테고리

대분류	소분류	한국어	영어
일상 (日常)	VLOG	브이로그	Vlog
	生活	생활	Lifestyle
	搞笑	개그	Gag
	家居房产	인테리어 & 부동산	Interior & Real estate
	手工	DIY	DIY
	绘画	그림	Drawing
	日常	일상	Daily life
	旅行	여행	Traveling
	文具手账	다이어리 꾸미기	Diary decoration
	婚礼	결혼식	Wedding
음식 (美食)	美食制作	레시피	Recipe
	(美食)	맛집 탐방	Restaurant tour
	美食测评	음식 리뷰	Food review
	田园美食	시골 음식	Rural food
	美食记录	음식 다큐	Food documentary
댄스 (舞蹈)	宅舞	오타쿠 춤	Otaku dance
	街舞	스트릿댄스	Street dance
	明星舞蹈	댄스 커버 (연예인)	Dance cover (celebrity)
	中国舞	중국 무용	Chinese traditional dance
	舞蹈综合	댄스 (종합)	Dance (comprehensive)
	舞蹈教程	댄스 교육	Dance education
	广场舞	광장댄스	Square dance

음악 (音乐)	原创音乐	자작곡	Self-composed music
	演奏	연주	Musical performance
	音频	음원	Soundtrack
	翻唱	노래 커버	Music cover
	MV	뮤직비디오	Music video
	说唱	랩	Rap
	音乐现场	콘서트 & 라이브	Concert & Live
	电音	일렉트로닉 뮤직 EDM	Electronic Music EDM
	音乐综合	음악 종합	Music (comprehensive)
운동 (运动)	篮球足球	농구 축구	Basketball Soccer
	健身	피트니스	Fitness
	竞技体育	스포츠 경기	Sports game
	运动文化	운동 문화	Sports culture
	运动综合	운동 종합	Sports (comprehensive)
게임 (游戏)	单机游戏	콘솔 게임	Console game
	电子竞技	E-스포츠	E-Sports
	手机游戏	모바일 게임	Mobile game
	网络游戏	온라인 게임	Online game
	桌游棋牌	보드 게임 & 카드 게임	Board game & Card game
	游戏赛事	게임 현황	Game status
트렌드 (时尚)	美妆护肤	뷰티	Beauty
	穿搭	패션	Fashion
	时尚潮流	트렌드	Trend
	美甲	네일 아트	Nail art
	彩妆	메이크업	Make-up
	发型	헤어스타일	Hairstyle
	护肤	피부관리	Skin care

	喵星人	고양이	Cat
동물 (动物)	汪星人	강아지	Puppy
	大熊猫	판다	Panda
	野生动物	야생동물	Wild animal
	爬龙(爬虫类)	파충류	Reptile
	动物综合	동물 종합	Animal (Comprehensive)
	宠物 / 萌宠	애완동물, 귀여운 동물	Pet, Cute animal
애니메이션 (动画)	MAD AMV	MAD AMV	MAD AMV
	MMD 3D	MMD 3D	MMD 3D
	短片 / 手书 / 配音	단편 / 팬 창작 / 더빙	Short story / Fan creation / Dubbing
	手办 / 模玩	피규어 모형	Figure model
	二次元	2D	2D
연재 애니메이션 (番剧)	连载动画	연재 애니메이션	Animation series (in progress)
	完结动画	완결 애니메이션	Animation series (completed)
	资讯	정보	Information
	官方延伸区	연재 애니메이션 위주의 홍보 프로그램	Promotional program focusing on Animation series
	新番时间表	신간 스케줄	New release schedule
	番剧索引	애니메이션 인덱스	Animation index
영상 (视频)	视频杂谈	영상 잡담	Video chatting
	视频剪辑	영상 편집	Video editing
	短片	단편	Short story
	预告	예고편	Trailer
	电影	영화	Movie
	电视剧	드라마	Drama
	纪录片	다큐멘터리	Documentary

	鬼畜调教	핫클립 리믹스 영상	Hotclip remix video
재미있는 합성 영상 (鬼畜)	音MAD	MAD 음	MAD sound
	人力VOCALOID	인력 보컬로이드	Manpower VOCALOID
	语音合成	음성 변조	Voice modulation
	鬼畜视频合集	핫클립 리믹스 영상 모음	Hotclip remix compilation
	演技教学	연기 교육 (튜토리얼)	Acting training (tutorial)
	综艺	예능	Variety show
	娱乐杂谈	연예	entertainment
	粉丝创作	팬 창작물	Fanmade
오락 (娱乐)	明星综合	연예인 종합	Celebrity (comprehensive)
	明星	연예인	Celebrity
	艺术人文	예술 인문학	Art literature
	潮流艺术	트렌디 예술	Trendy art
	数码	디지털	Digital
	软件应用	소프트웨어 APP	Software APP
과학기술 (科技)	计算机技术	컴퓨터 기술	Computer technology
	理工机械	이공계 & 기계공학	Natural sciences & Mechanical engineering
	极客DIY	얼리어답터 DIY	Early adopter DIY
	科学科普	과학 교육	Science education
	社科 / 法律 / 心理	사회과학 / 법률 / 심리	Social Science / Legislation / Psychology
	人文历史	인문역사	Humanities history
지식 (知识)	财经商业	경제 상업	Economy commerce
	校园学习	학교 교육	School education
	职业职场	직업 직장	Job workplace
	设计 创意	디자인 / 아이디어	Designing / Idea
	野生技能协会	실전 기술	Practical skills

중국 제작 (国创)	国产动画	중국 제작 애니메이션	Chinese animation
	改编剧	IP 개편극	IP reorganization play
	木偶剧	인형극	Puppetry
	动漫·广播剧	애니메이션·오디오 드라마	Animation·Audio drama
	资讯	정보	Information
	新番时间表	신간 스케줄	New release schedule
	国产动画索引	중국 애니메이션 목록	Chinese animation list
정보 (资讯)	热点	이슈	Issue
	海外	해외 이슈	Global issue
	社会	사회 이슈	Social issue
	综合	종합 이슈	Issue (Comprehensive)
자동차 (汽车)	汽车生活	자동차 생활	Car lifestyle
	汽车文化	자동차 문화	Car culture
	赛车	레이싱	Racing
	汽车极客	자동차 얼리어답터	Car early adopter
	摩托车	오토바이	Motorcycle
	智能出行	스마트 모빌리티	Smart mobility
	购车攻略	자동차 구매 공략법	Car purchasing strategy
농촌 (农村)	农民	농부	Farmer
	三农	농업 & 농촌 & 농부	Agriculture & Farming areas & farmers
키즈 (少儿)	少儿	키즈	Kids
	亲子	키즈 (패밀리)	Kids (family)
	母婴 / 萌娃	육아	Parenting

더보기 (更多)	搞笑	개그	Gag
	虚拟UP主	가상캐릭터	Virtual character
	公益	공익	Public interest
	公开课	공개 수업	Public lecture
	摄影	사진 촬영 기법	Photography technique
	军事	군사	Military
	恶搞	병맛	Kitschy/Tacky

로그인

대분류	소분류	한국어	영어
로그인 (登录)	账号登录	아이디 로그인	Login with ID
	手机登录	핸드폰 로그인	Login with mobile phone
	扫码登录	QR 코드 로그인	Login with QR code
	验证码登录	인증번호 로그인	Login with verification code
	获取验证码	인증번호 받기	Receive verification code
	发送验证码	인증번호 보내기	Send verification code
	微信账号登录 / 微信登录	웨이신(위챗) 로그인	Weixin(WeChat) login
	QQ账号登录 / QQ登录	QQ 로그인	QQ login
	微博账号登录 / 微博登录	웨이보 로그인	Weibo login
로그인 관련	会员注册	회원가입	Create an account
	手机号	휴대폰 번호	mobile number
	验证码	인증번호	verification code
	用户名	닉네임 / ID / 이메일	Nickname / ID / e-mail
	邮箱	이메일	e-mail
	密码	비밀번호	Password
	忘记密码	비밀번호 찾기	Find password
	二维码	QR 코드	QR code
	下载APP	앱 다운로드	App download

영상 시청

중국어	한국어	영어
播放量 / 阅读量	조회 수	Views
弹幕	탄막	Danmu
未经作者授权 / 禁止转载	불법 유통 영상 금지	Unauthorized content usage prohibited
点赞 / 赞 / 喜欢	좋아요	Like
评论	댓글	Comment
置顶	댓글 상단 고정	Pin comment
投币	비리비리 코인 후원	bilibili coin donation
收藏	즐겨찾기	Favorites
分享	공유	Share
转发	리포스트	Repost
稿件投诉 / 举报	신고	Report
备忘录	메모	Memo
回帖	답글	Reply
视频链接	영상 링크	Video link
发布时间 / 上传时间	업로드 날짜	Upload date
全屏	전체 화면 시청	View on full screen
热度排序	인기순	Sort by popularity
时间排序	최신순	Sort by newest
猜你喜欢	추천	Recommended
相关推荐	유사 콘텐츠 추천	Similar content recommended
接下来播放	다음 영상 재생	Play next video
手机观看	휴대폰으로 보기	View on mobile
全网热点	인기 검색	Most searched
不感兴趣	싫어요	Dislike

채널

중국어	한국어	영어
合集和列表	재생 목록	Playlist
私信	DM	DM
获赞数	누적 좋아요 수	Accumulated likes
播放数 / 阅读数	누적 조회 수	Accumulated views
TA的视频	크리에이터의 영상	Creator's video
最新发布	최신 업로드 콘텐츠	Recently uploaded content
最多播放	인기순	Sort by popularity
最多收藏	저장순	Sort by saved order
为TA充电	후원 (충전)	Donation (charge)
视频数	영상 수	Number of video
探索TA的视频	크리에이터의 영상 검색	Search creator's video
简介	채널 소개	Channel description
编辑资料	개인 정보 수정	Edit personal information
添加朋友	친구 추가	Add friend
作品	작품	Content
私密	비공개 영상	Private video
新访客	신규 방문 사용자	New visitor
播放全部	전체 보기	View all

업로드

대분류	소분류	한국어	영어
업로드 (投稿/发/发 布/上传)	视频投稿	영상 업로드	Upload video
	专栏投稿	칼럼 업로드	Upload column
	互动视频投稿	컬래버레이션 영상 업로드	Upload collaboration video
	音频投稿	음원 업로드	Upload soundtrack
	贴纸投稿	스티커 업로드	Upload sticker
	视频素材投稿	영상 소스 업로드	Upload video source
업로드 내용	封面	섬네일	Thumbnail
	标题	제목	Title
	类型	종류	Type
	自制	오리지널 콘텐츠	Original content
	转载	불법 유통 콘텐츠	Unauthorized content
	分区	카테고리	Category
	标签	태그	Tag
	推荐标签	추천 태그	Recommended tag
	参与活题 / 参与活动	이벤트 참여	Event participation
	定时发布	예약 업로드	Schedule upload
기타 설정 (更多设置)	声明与权益	성명과 권익	Statements and interests
	自制声明	오리지널 콘텐츠 성명	Original content statement
	商业推广	PPL	PPL
	不含商业推广信息	PPL 미포함	Does not include PPL
	含商业推广信息	PPL 포함	Includes PPL
	充电设置	후원금 충전 설정	Donation charging settings
상태 (状态)	已发布	업로드 완료	Upload complete
	审核中	심사 중	Under review
	未通过	심사 불통과	Failed review
	仅我可见	나만 보기	Private view
	草稿	초안	Draft
	修改 / 编辑	수정 / 편집	Edit
	删除	삭제	Delete

스튜디오

대분류	소분류	한국어	영어
공통	粉丝数	구독자 수	Subscribers
	展现量 / 推荐量	노출량	IMP (Impressions)
	播放量 / 阅读量	조회 수	Views
	点击率	클릭률	Click rate
	净增粉丝	구독자 수 증가량	Increased subscribers
	投币	후원	Donation
	更新	업데이트	Update
	空间访客	채널 메인페이지 방문객	Channel main page visitor
	热门活动	인기 이벤트	Popular event
	累计收益	누적 수익	Accumulated revenue
데이터 (数据)	数据中心	데이터 센터	Data center
	视频数据 / 作品数据	영상 데이터	Video data
	收益数据	수익 데이터	Revenue data
	粉丝数据	구독자 데이터	Subscriber data
팬 데이터 (粉丝数据)	粉丝列表	구독자 리스트	Subscriber list
	粉丝变化数	구독자 변화 수	Changes in susbscribers
	性别分布	성별 분포	Gender distribution
	年龄分布	연령 분포	Age distribution
	地域分布	지역 분포	Regional distribution
	粉丝兴趣分布	구독자 취향 분석	Subscriber preference analysis
	活跃分布	활약도 분석	Performance degree analysis
	按互动分排序	소통순	Sort by communication
	按关注时间排序	구독 시간순	Sort by time of subscription
관리 (管理)	内容(作品)管理	콘텐츠 관리	Content management
	粉丝管理	구독자 관리	Subscriber management
	互动管理	소통 관리	Communication management
	收益管理	수익 관리	Revenue management
	评论管理	댓글 관리	Comment management

유튜브를 넘어서

© 안준한, 2022. Printed in Seoul, Korea

초판 1쇄 찍은날	2022년 6월 27일
초판 1쇄 펴낸날	2022년 7월 4일
지은이	안준한
펴낸이	한성봉
편집	최창문·이종석·강지유·조연주·조상희·오시경·이동현
콘텐츠제작	안상준
디자인	정명희
마케팅	박신용·오주형·강은혜·박민지
경영지원	국지연·강지선
펴낸곳	도서출판 동아시아
등록	1998년 3월 5일 제1998-000243호
주소	서울시 중구 퇴계로30길 15-8 [필동1가 26] 무석빌딩 2층
페이스북	www.facebook.com/dongasiabooks
전자우편	dongasiabook@naver.com
블로그	blog.naver.com/dongasiabook
인스타그램	www.instargram.com/dongasiabook
전화	02) 757-9724, 5
팩스	02) 757-9726
ISBN	978-89-6262-440-3 03320

※ 잘못된 책은 구입하신 서점에서 바꿔드립니다.

만든 사람들

책임편집	이종석
교정 교열	원보름
디자인	정명희
크로스교열	안상준
본문 조판	박진영